This is
Gaudí

Mollie Claypool
Illustrations by Christina Christoforou

未经许可，不得以任何方式复制或抄袭本书部分或全部内容
版权所有，侵权必究

Text © 2017 Mollie Claypool. Mollie Claypool has asserted her right under the Copyright,
Designs, and Patents Act 1988, to be identified as the Author of this Work.
Illustrations © 2017 Christina Christoforou
Series editor: Catherine Ingram
Translation © 2021 Ginkgo (Beijing) Book Co., Ltd

This book was produced in 2017 by Laurence King Publishing Ltd., London. This Translation is published by arrangement with Laurence King Publishing Ltd. for sale/distribution in The Mainland (part) of the People's Republic of China (excluding the territories of Hong Kong SAR, Macau SAR and Taiwan Province) only and not for export therefrom.

图书在版编目（CIP）数据

这就是高迪 /（英）莫莉·克莱普尔著；（英）克里斯蒂娜·克里斯托福鲁插图；北寺译 . —— 长沙：湖南美术出版社，2021.8
 ISBN 978-7-5356-9483-6

Ⅰ . ①这… Ⅱ . ①莫… ②克… ③北… Ⅲ . ①高第 (Gaudi, Antoni 1852-1926) – 生平事迹
Ⅳ . ① K835.516.16

中国版本图书馆 CIP 数据核字 (2021) 第 098388 号

本书中文简体版权归属于银杏树下（北京）图书有限责任公司。
著作权合同登记号：图字 18-2020-202 号

这就是高迪
ZHE JIU SHI GAODI

出版人：	黄 啸	著 者：	［英］莫莉·克莱普尔
插　图：	［英］克里斯蒂娜·克里斯托福鲁	译 者：	北 寺
出版策划：	后浪出版公司	出版统筹：	吴兴元
责任编辑：	贺澧沙	编辑统筹：	蒋天飞
特约编辑：	王隽妮	营销推广：	ONEBOOK
装帧制造：	墨白空间·王 莹		
出版发行：	湖南美术出版社　后浪出版公司 （长沙市东二环一段 622 号）	印　刷：	北京盛通印刷股份有限公司 （亦庄经济技术开发区科创五街海三路 18 号）
开　本：	720×1030　1/16	字　数：	80 千字
版　次：	2021 年 8 月第 1 版	印　张：	5
印　次：	2021 年 8 月第 1 次印刷	书　号：	ISBN 978-7-5356-9483-6
定　价：	60.00 元		

读者服务：reader@hinabook.com 188-1142-1266
投稿服务：onebook@hinabook.com 133-6631-2326
直销服务：buy@hinabook.com 133-6657-3072
网上订购：https://hinabook.tmall.com/（天猫官方直营店）

后浪出版咨询（北京）有限责任公司 常年法律顾问：北京大成律师事务所　周天晖 copyright@hinabook.com
本书若有印装质量问题，请与本公司图书销售中心联系调换。电话：010-64010019

这就是高迪

［英］莫莉·克莱普尔 —— 著
［英］克里斯蒂娜·克里斯托福鲁 —— 插图
北寺 —— 译

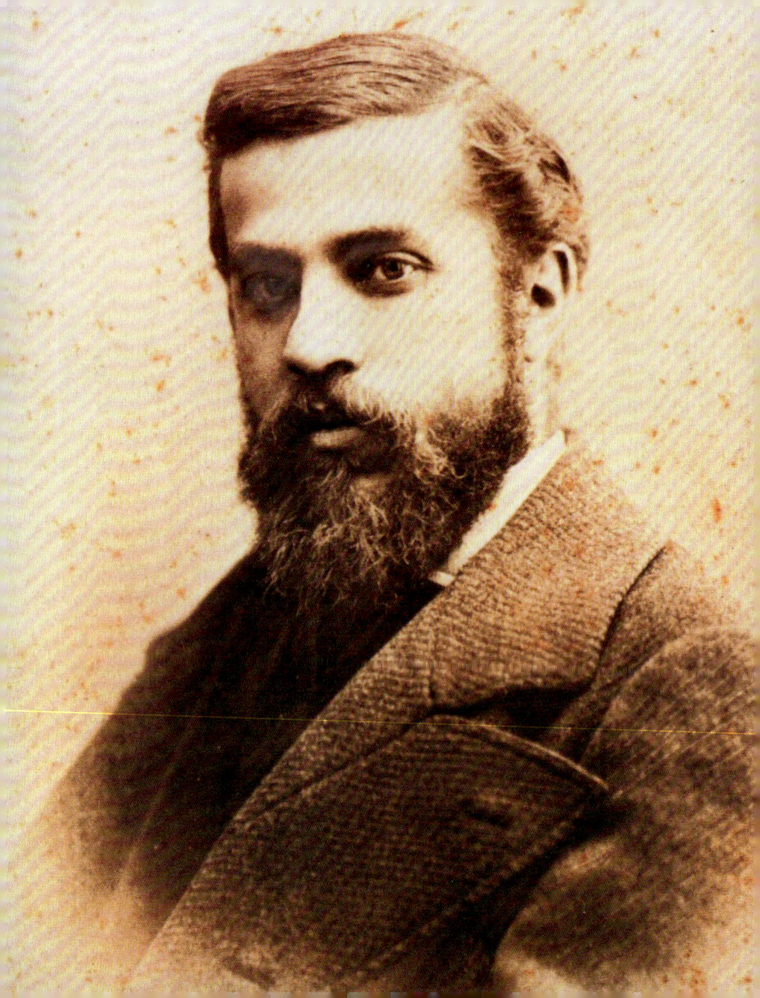

安东尼·高迪（Antoni Gaudí）留下了奇离古怪又离经叛道的建筑作品，现代史上鲜有其比。1878年，在他巴塞罗那大学建筑学院的毕业典礼上，院长高呼："在座各位，如今我们面前的这位不是天才，就是狂人！"

高迪生前确有"疯狂的修士建筑师"一称——人们对他的作品往往好恶分明，鲜少有人持中立态度。创立包豪斯学校的激进建筑师瓦尔特·格罗皮乌斯（Walter Gropius）认为高迪在建筑技术上颇有天分，巴勃罗·毕加索（Pablo Picasso）则觉得他是个假装虔诚的保守分子。

高迪身后一度仅仅被归为一位诠释新艺术运动的伊比利亚建筑师，但他的设计技巧及方法启发了一代又一代后人。和同代建筑师的作品相比，他的建筑更加引人入胜、魅力不衰。

在加泰罗尼亚本地人看来，高迪是位伟大的英雄，倡导、推动并拯救了家乡独特的地方文化。在天主教信徒眼中，高迪是"上帝的建筑师"，其堪称典范的虔诚信仰将他送上了封圣之路。

究其本心，高迪对大自然怀有一腔热爱，并渴望将自然界的基本原则呈现为宏伟又不失人情味的建筑。

铜匠之子

高迪虽在巴塞罗那待了大半辈子,但实际出生在巴塞罗那往南一百公里的雷乌斯——在1852年6月25日这一天。父亲弗兰塞斯克·高迪-塞拉(Francesc Gaudí i Serra)是位铜匠,母亲安东尼娅·科尔内-贝尔特兰(Antonia Cornet i Bertran)是铜匠的女儿。双方均来自家境普通但收入稳定的工匠家庭,受父母之命成婚。

高迪出生时母亲难产,虚弱的新生儿刚一落地,就被匆忙送至附近的教堂受洗,生怕他几小时内夭折。哥哥从父名,叫弗兰塞斯克,所以高迪从母名,得名安东尼。

高迪幼年多病,得过肺部感染,还被类风湿性关节炎困扰过好长一段时间。成年后,他称自己最早的记忆是父母和医生在他卧室门外的一段对话,说他恐怕要早夭。但弗兰塞斯克和安东尼娅所有孩子中年纪最小、体质最弱的这一个,活得比其他人都更长久。高迪日后认为,童年经受苦难并幸存下来,说明自己被上帝选中,担负着更高远的使命。

因童年多灾多病,高迪长期卧床,常常接连几个星期,陪伴他的只有自己的想象力和透过卧室窗户所看到的景色——那是雷乌斯的乡间小景,有飞扬的红土,常青树、榛子树、橄榄树,还有一座座葡萄园。这许许多多色彩,还有近旁地中海那鲜艳的蓝色,高迪成年之后也不曾忘怀,往往用这些色彩作为建筑的装饰色。

友谊长存

无需卧床时,高迪就去当地学校上学。但校园生活并不合他意。病中磨练出的观察力在那里似无用武之地。老师授课总是翻来覆去地讲解同样的内容,令他厌烦,后来谈及此事,他认为这样只会鼓励学生照本宣科,无益于培养创新精神。

据童年玩伴回忆,一位老师曾告诉大家:"鸟儿长着能飞的翅膀。"高迪却回道:"我家农场上的母鸡有大大的翅膀,但根本飞不起来。它们靠翅膀跑得快一些。"

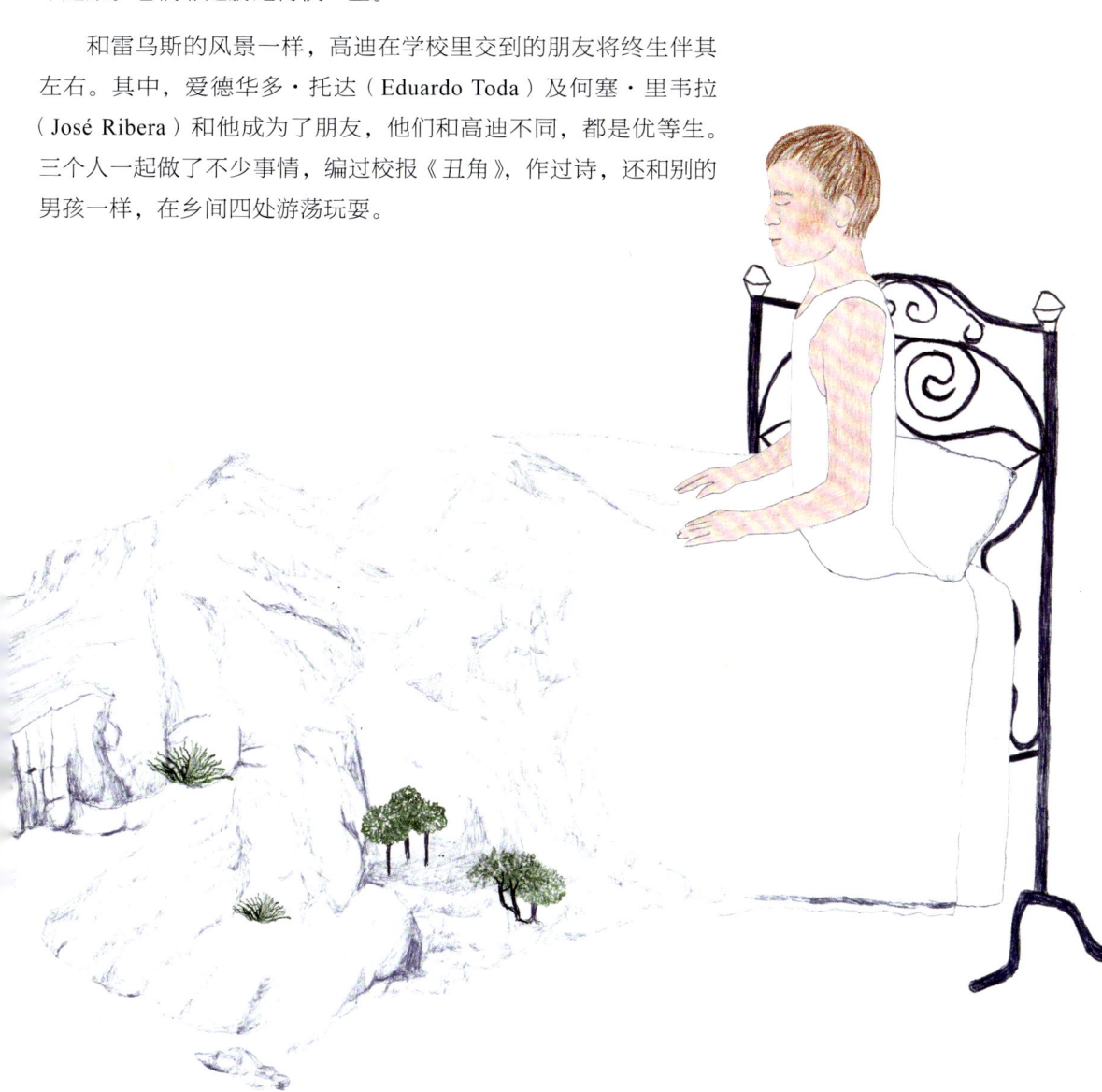

和雷乌斯的风景一样,高迪在学校里交到的朋友将终生伴其左右。其中,爱德华多·托达(Eduardo Toda)及何塞·里韦拉(José Ribera)和他成为了朋友,他们和高迪不同,都是优等生。三个人一起做了不少事情,编过校报《丑角》,作过诗,还和别的男孩一样,在乡间四处游荡玩耍。

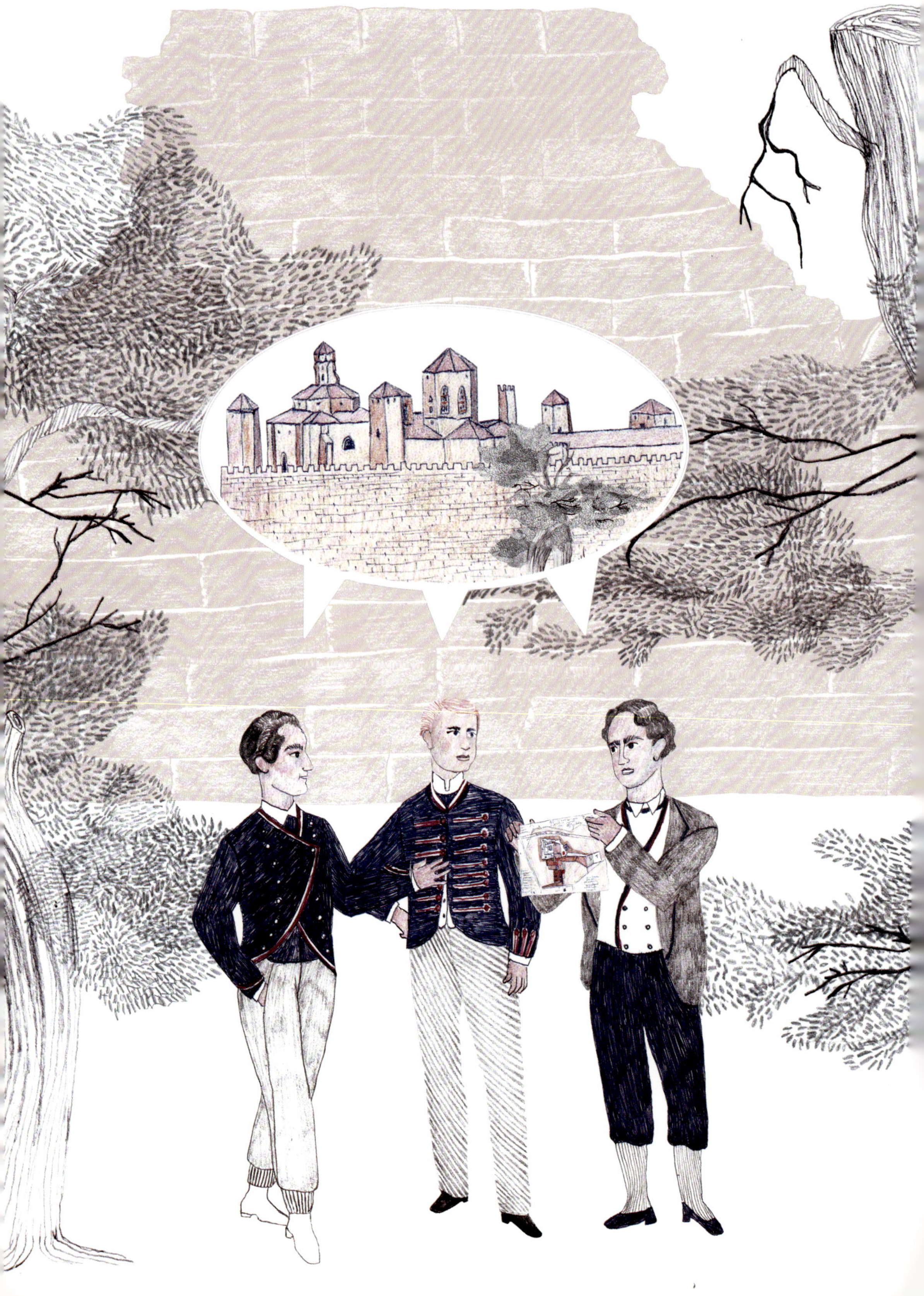

属于男孩的冒险

雷乌斯坐落于西班牙东北部的加泰罗尼亚地区中心。中世纪期间,加泰罗尼亚多数时候是主权独立的亲王国,或是阿拉贡王国的统治者所在地。到15世纪末,阿拉贡王国和卡斯蒂利亚王国合并,形成西班牙王国之后,加泰罗尼亚直到18世纪仍保有大部分自治权。即便在自治权被西班牙政府收回之后,该地区仍骄傲地使用着自己的语言,独特的文化传统也保留了下来。到1850年,这里已是西班牙最富庶、工业最发达的地区之一,再加上西班牙政府不稳定,加泰罗尼亚便开始生发文化乃至政治上再次独立自治的诉求。

雷乌斯及周边地区留有大量史前至中世纪的建筑。在探索这些建筑遗产的过程中,高迪和同伴们成为了加泰罗尼亚爱国者,对保护及推广当地文化热情高涨。

他们尤其喜爱波夫莱特圣玛利亚修道院。自12世纪起,这里就是熙笃会修士在加泰罗尼亚隐修的主要场所之一。然而,19世纪30年代末,时任西班牙首相的门迪萨瓦尔(Mendizábal)教会财产充公令一下,这所修道院也在劫难逃。修士被遣散,暴徒纵火烧了多幢建筑并大肆劫掠,其后所剩无几的财产也被西班牙政府收缴。1867年,高迪和朋友们发现这里时,残留的屋顶多已坍塌。三个十几岁的男孩制订了一个修复计划,缜密周详,野心勃勃。

三人商定,高迪负责重起高墙,以防有人再来抢掠;里韦拉负责查阅历史资料;托达负责建立波夫莱特修道院图书馆及档案馆,并为修道院撰写专著,题为《波夫莱特手稿》。他们设想,修道院修复后,将成为一个理想化的社会主义团体的活动场所——这个梦想,高迪一直谨记于心,也会尝试将其纳入自己的许多杰出建筑项目。波夫莱特修道院成了男孩们终生的兴趣,决定了他们的未来;他们在有生之年,将一直为修道院的修复工程尽心竭力。后来,托达成为了著名考古学家、语言学家兼外交家,并在30年后当上了波夫莱特修道院实际修复工程的负责人(也将安葬于斯)。里韦拉成为了受人尊敬的小儿外科医生。而高迪,这位外墙保护者,成为了建筑师。

巴塞罗那敞开大门

1867年入秋时，托达和里韦拉均已离开雷乌斯，继续深造去了。是年秋，高迪一面去父亲的铸铜作坊干活，一面等待家里人安排他的去向。到1868年初，他们终于决定把高迪送至巴塞罗那，与在那儿学医的哥哥弗兰塞斯克同住。高迪将完成预科课程，再进入巴塞罗那大学理学院学习；但结果证明，这只是他申请进入新近成立的建筑学院前的又一个过渡阶段而已。

高迪修读预科时有不少课余时间，于是在巴塞罗那的第一年，他常常在港口一带的中世纪城区（里贝拉区、波恩区、哥特区）徜徉，饱览沉淀了几百年的丰富建筑文化。历史悠久的巴塞罗那，到19世纪末虽已破败不堪，但仍不失巍丽，宛若一本巨型立体书摊开在高迪面前。其中，海上圣母教堂留给他的印象尤为深刻。这座教堂建于14世纪，是当地人自己集资并出力修建的。在高迪看来，它代表着公共建筑及其服务的社区之间最理想的关系。

从外观上看，海上圣母教堂是块沉甸甸的庞然巨石，兀立于一片狭街窄巷之间；走进教堂，但见空间豁然开阔，灵活多变，天顶为常见于盛期哥特式建筑的肋架拱顶构造，气势恢宏。整体风格浑然一体，在哥特式教堂中实属少见。哥特式教堂的建造往往横跨数个世纪，由多位皇室或教会成员赞助，因而设计形式多样。相比之下，当地民众仅用50年，便凭自己的力量建成了海上圣母教堂。高迪认为，可循此历史先例，实现自己将波夫莱特修道院建设为社会主义社区的梦想。此外，虽然高迪当时尚无法觉察，但眼前建筑明与暗、实与虚、收与放的对比实为其圣家堂的设计范本，就连向公众募捐的筹建方式都将如出一辙。

升入巴塞罗那大学理学院后，高迪在随后五年间主攻高等数学，如微积分、三角学、几何学，还有力学和化学。其他必考科目

还包括人体素描、法语、德语——都是即将成立的建筑学院的招生标准要求。1874 年，高迪被建筑学院正式录取。

这段时期，高迪一直和哥哥同住。作为学生，搬家是家常便饭，放假了就回老家雷乌斯。但他们从未搬离过巴塞罗那的中世纪城区中心——因为租金便宜。和绝大多数学生一样，高迪和哥哥手头都不宽裕。学费得靠父母，据说兄弟俩衣服也要换着穿。但正是在这段时期，高迪却博了个惨绿少年的名头：手套也好，帽子也好，只去某些店铺购买。能有如此做派，高迪想必是个精打细算的天才。

此外，和其他年轻人一样，高迪也进入了城里的咖啡馆社交圈。值得一提的是佩拉约咖啡馆，这是他最常光顾的地方。这座咖啡馆位于著名的兰布拉大道，是 19 世纪巴塞罗那的文化生活中心。据传，高迪在那儿和一帮以反教权主义思想闻名的年轻人打成一片——与他而立后令人瞩目的宗教信仰反差鲜明。

人生无坦途

19世纪70年代不止是学生时代的高迪探索、成长的十年。窗外事闯入了象牙塔。70年代初是西班牙的多事之秋，一位国王退位，另一位加冕（分别是阿玛迪奥一世和阿方索十二世。——译者注），打了一场内战，还建立了西班牙第一共和国。成立次年，即1874年，这个共和政体便垮了台，随后西班牙王朝复辟——不过这一次实行了君主立宪制。巴塞罗那虽幸未被战火波及，却是政治观点百家争鸣的温床。随着波旁王朝复辟，西班牙迎来了一段政治相对平和、经济发展良好的时期，加泰罗尼亚地区也不例外。高迪也终于得依法服兵役了。1875年2月至1876年7月，高迪中断建筑学业，进入步兵预备役部队服役，还因为表现优良荣获表彰。

服役结束回到家，高迪满心期待着重拾学业，孰料巴塞罗那的室友、最后一个哥哥弗兰塞斯克溘然长逝，年仅25岁。两个月后，母亲安东尼娅也随他而去。不到三年，高迪的姐姐罗莎（Rosa）也离开了人世。到70年代末，高迪的至亲只剩下年迈的父亲，还有姐姐罗莎年幼的女儿罗莎·埃赫亚-高迪（Rosa Egea i Gaudí）。高迪成了家中唯一有能力养家糊口的人。为了谋生，他进入帕德罗斯-巴罗斯工业机械公司，成为了一名机械绘图员。此外，他刚进入建筑学院，就在教授弗朗西斯科·德·保拉·德尔·比利亚尔（Francisco de Paula del Villar）的事务所谋了一份工作。

高迪的学业也并非一帆风顺。在大家眼中，身为学生的高迪喜怒无常，经验稍欠，却有着不相匹配的十足自信。他经常顶撞教授，拒不接受他们对其作业的批评意见。有一回，他甚至提出申请，要求教授重新批改他的课题，调高分数。不过其他时候，高迪的作业的确优质、精准，让教授们刮目相看。他为学校设计新礼堂的期末课题是为佳例。因为把课题带回了家继续完成，他还被控作弊。尽管引发了不少争议，学院还是让他通过了考核（虽然还是有一位教授投票反对）。

在此期间，高迪一直记录日记，形容自己身陷"重重包围的抑郁"。学习和工作，用他的话说，显然是用来"摆脱麻烦"的。他也为比利亚尔之外的其他教授工作，其中包括霍安·马托雷利（Joan Martorell）。在高迪事业的起步阶段，马托雷利既是雇主，也是导师，还将成为他终生的朋友。

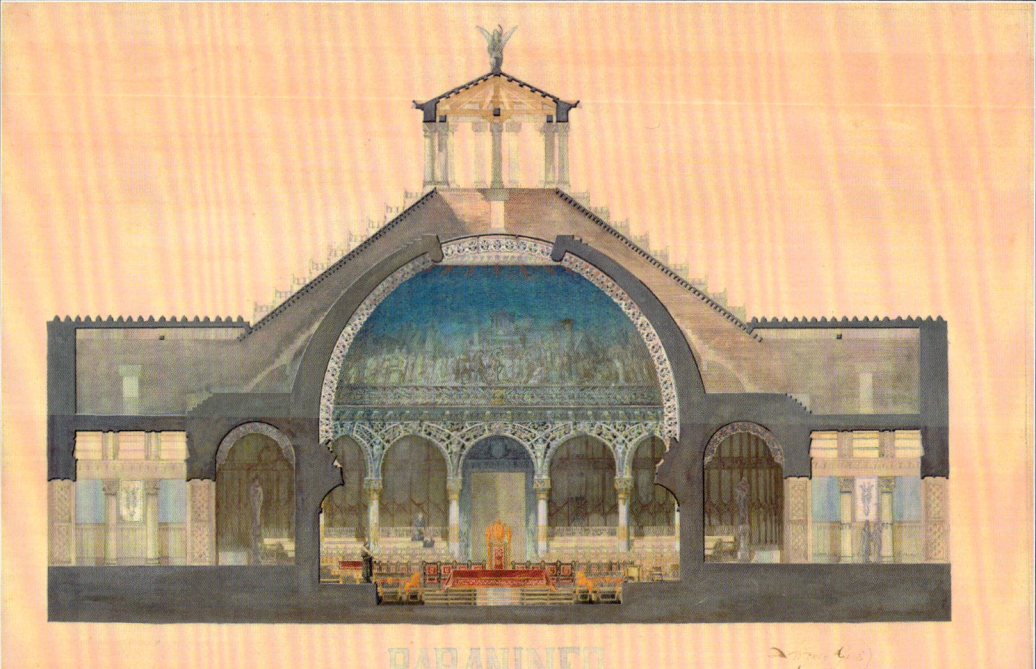

期末课题：大学礼堂设计

安东尼·高迪，1877

私人收藏

向加泰罗尼亚式建筑发展

巴塞罗那大学图书馆和城市里的书店为高迪打开了崭新世界的大门：得益于摄影术的发明，他接触到许多建筑和设计方面的图册。高迪如饥似渴，阅遍19世纪中期建筑与艺术巨匠的当代著作，如欧仁·维奥莱-勒-杜克（Eugène Viollet-le-Duc）、约翰·罗斯金（John Ruskin）、威廉·莫里斯（William Morris）的作品（高迪从未学过英语，后两者的作品读的是译著）。尤为触动他的是维奥莱-勒-杜克的《建筑谈话录》（1858—1872）中提到的新哥特主义，还有罗马万神殿等古典建筑的照片。高迪的兴趣还延伸至西班牙摩尔式建筑的穆德哈尔风格，涉及东方（尤指中东地区。——译者注）设计风格的书籍对他的影响尤为深厚，如欧文·琼斯（Owen Jones）的《装饰的语法》（1856）。中世纪西班牙，特别是加泰罗尼亚地区的图案与装饰设计将在高迪的建筑中占据一席之地，在他事业的前二十年尤其突出。

高迪在巴塞罗纳度过的学生时代及建筑师生涯初期，时间上恰好与名为"加泰罗尼亚文艺复兴"（Renaixença）的艺术文化运动重合。数世纪以来，加泰罗尼亚传统遭到压制，为更宽泛的西班牙传统（即卡斯蒂利亚文化）让道；人们发起加泰罗尼亚文艺复兴，旨在恢复并重振加泰罗尼亚的文化、遗产和语言。推动这场文艺复兴的不仅有诗人、剧作家、小说家、语言学家、哲学家，也有建筑师和艺术家。但这场运动不仅是个文化现象，同时也与政治联系紧密，对年轻的高迪影响深远。

建筑学院（只比高迪大两岁）的年轻教授路易斯·多梅内克-蒙塔内尔（Lluís Domènech i Montaner）是加泰罗尼亚文艺复兴的领导人物；高迪及许多同学也卷入了运动之中。对高迪而言，这场运动对加泰罗尼亚中世纪遗产的关注恰好与他本人的兴趣不谋而合。1878年，多梅内克撰写了奠基性的文章《民族建筑探寻》，提出可以将过去与现在的加泰罗尼亚式建筑结合起来，设计折衷主义建筑（即在设计中采用早期建筑的风格特点）。他还呼吁在建筑装饰上体现加泰罗尼亚特色，并倡导将结构作为建筑"基本原则"的核心要素。这篇文章成为了加泰罗尼亚现代主义的权威论著。

高迪总说自己长于做而不长于写，只留下只言片语阐述作品的思想内涵。不过，他有一篇写于1878年的手稿存世，题为《装

欧文·琼斯《装饰的语法》（1856）内页，展示了中世纪及穆德哈尔式的装饰与设计。

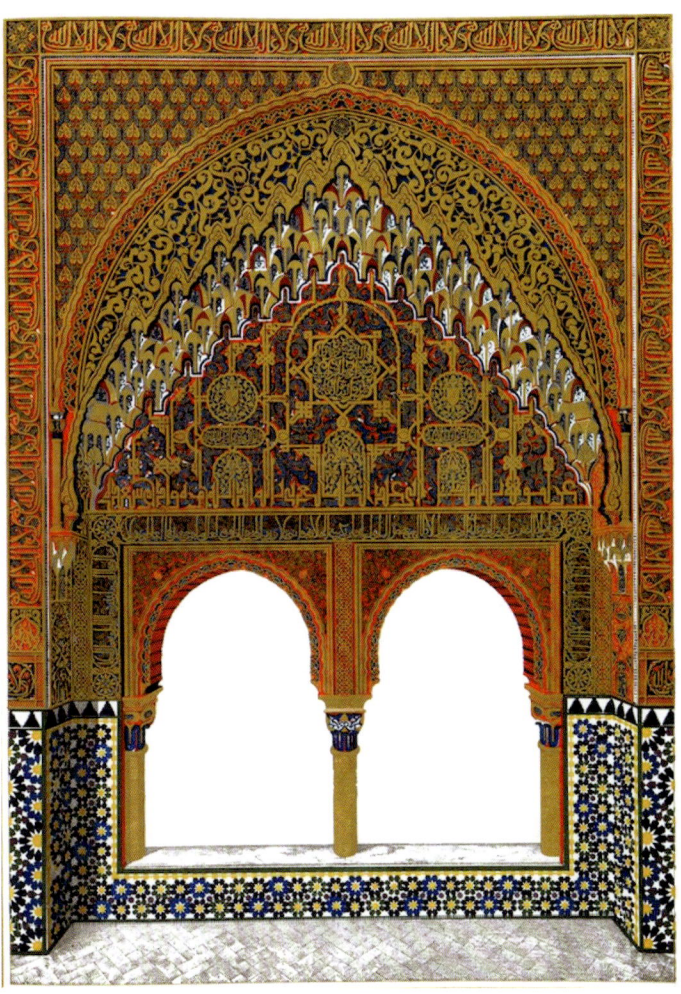

饰》，这是 25 岁的高迪对多梅内克这篇文章的读后感。高迪认同多梅内克的观点，认为"物体的特性"取决于民族及其习俗，也同意民族性应该成为"装饰的标准"。不过，高迪认为，装饰艺术及其产生的美感都应是纯几何的。他还坚信装饰不该是黑白的："装饰应该五彩斑斓；因为自然界里见不到色彩单调且整齐划一的物体。"高迪主张几何和自然决定了装饰的标准，也定义了民族性，这样的观点比多梅内克激进得多。

多梅内克和高迪向来有些龃龉不合。其实，有传言指多梅内克正是在 1878 年 3 月投票反对高迪通过建筑师考核的那位教授。

哪种风格为佳？

在有关文艺复兴建筑和哥特式建筑孰优孰劣的争论中，约翰·罗斯金和欧仁·维奥莱-勒-杜克是两位核心人物。他们重拾建筑与自然之间的紧密联系并将之浪漫化。他们还主张，"诚实"的建筑应当用天然材料建造，而建材本身的特质将自然呈现。

威尼斯和文艺复兴

罗斯金不仅引导高迪接触了威尼斯和文艺复兴的有关知识，还教给他一些基本价值观及原则——它们不但是构建社会的基石，也应在这个社会的建筑上有所体现。

新哥特式建筑

维奥莱-勒-杜克的著作及建筑修复工程燃起了高迪的激情，他不仅爱上了中世纪建筑，也开始思考如何在其基础上创立现代新哥特式风格。

加泰罗尼亚现代主义

这一运动源于加泰罗尼亚文艺复兴,旨在创造有加泰罗尼亚民族特色的艺术和建筑新形式。加泰罗尼亚独立运动由加泰罗尼亚现代主义等社会思潮发展而来,并从 1918 年起将星旗作为独立旗帜。

东方主义

琼斯的著作《装饰的语法》不仅让高迪一窥中东的璀璨文化,更带他走进西班牙本土的伊斯兰文化遗产。在高迪的设计中,西班牙摩尔式建筑的特征十分显著。

郊游与远行

加泰罗尼亚文艺复兴运动中出现了很多"短途旅行"社团,成员们会去加泰罗尼亚周边旅行,考察该地区的建筑遗产。1879年,高迪和老朋友爱德华多·托达及建筑学院(包括多梅内克在内)的若干教授、学生一块儿,开始活跃于巴塞罗那的同类社团。社团成员造访波夫莱特时,高迪还在遗址设灯,好向大家展示他修复修道院的设想。

这样的旅行还远伸至法国,高迪得以亲临图卢兹的大教堂和筑有城墙的卡尔卡松城,现场考察偶像维奥莱-勒-杜克的修复作品。同时,对于如何修复、维护此类古代建筑,他也开始形成自己的想法。偶像的观点开始被年轻建筑师自己的主张取而代之,这不过是早晚的事情。看到维奥莱-勒-杜克修复的图卢兹大教堂,高迪挖苦道,这次旅行可以就此结束了,还说他对卡尔卡松的修复"舞台感太强"。维奥莱-勒-杜克牺牲了中世纪建筑简练、完整的外形以换取戏剧性视觉效果,结果过犹不及。

不过，尽管维奥莱-勒-杜克在实践中越了界，高迪却对其如下理论深信不疑：

> 被世界上最灿烂优美的文明拥揽在怀的杰作都有其奥秘所在，你一旦发现，就会很快觉察，这些奥秘可以通通归结为区区几项原则，且将这些原则结合、待其发酵，便能生发出"新生事物"，它不仅能够，也必然会源源不断地涌现。

这种总结原则再将其打散重组的手法将成为高迪全部作品的灵魂所在。从建筑学院毕业后，他的头一个设计项目便是为自己打造一张书桌。高迪遵循的是维奥莱-勒-杜克的原则，但加入了自己的改造。书桌用实木打造，饰以锻铁，设计概念十分直白：结构和装饰必须浑然一体，与地球万物息息相关。水平线条象征水域，宽大的弧形台面宛如浮叶。铁艺装饰表现一切水生及水滨生物：蜻蜓、蝴蝶、蜜蜂、昆虫、蜥蜴、蛇。桌腿自上而下逐渐收窄。书桌远看形如小船，浮在高迪隐喻的水面上，几乎不受重力和物理定律的约束。无论高迪的办公室迁往何地，这张书桌都不曾落下，最终一路跟着他搬进了圣家堂的工作室。它在1936年西班牙内战的战火中永远消失在了圣家堂，化为尘土，归回大地。

办公桌

安东尼·高迪，1878

（毁于1936年）

完美住宅

取得建筑师资格后的头三年间,高迪这位新晋建筑师接到的设计项目确实可以证明,他确实不是"天才",就是"狂人"——答案因人而异。

高迪最早接到的委托之一来自巴塞罗那市政府,1878年,他们请他设计路灯柱。项目预算很少,但高迪设计的两个原型均为石制锻铁灯柱,还有玻璃装饰细节。一个版本仅有三盏灯,而另一个版本有高低错落的六个灯头。两个原型主体均为黑色,配以红、金、蓝,正是巴塞罗那的城市主题色。二者的设计和制作都与木匠欧达尔德·蓬蒂(Eudald Puntí)合作完成,他在巴塞罗那的森德拉街上开了间大型作坊,生意兴隆,木工之外也做石艺和铁艺。路灯柱其实都是在这儿打造和拼装的。高迪不仅在蓬蒂的作坊打造了自己的书桌,日后职业生涯所需的铁匠、石匠、铸工、玻璃工、画师、锡匠也大多来自这里。高迪设计的家具几乎尽数在那里制作,即便在1889年蓬蒂过世后也是如此。蓬蒂作坊的工匠中有一位年轻雕塑家,名叫略伦斯·马塔马拉-皮尼奥莱(Llorenç Matamala i Piñol),制作路灯柱原型的就是他。这次合作开启了略伦斯和高迪终生的工作关系和友谊。

此后,高迪同年还接到了其他委托。第一份工作是在1878年的巴黎世博会上为柯美拉(Comella)手套公司设计玻璃展橱,获世博会展柜银奖。另一份工作来自高迪此前的老师兼雇主霍安·马托雷利,内容还是家具:为科米利亚斯侯爵(Marquis of Comillas)的私人小教堂设计一套配跪凳的长椅。小外甥女罗莎寄宿的女隐修会学校甚至委托高迪为一副祭坛画设计画框。

高迪还记录下了自己对完美住宅的构想。他称家宅为"casa pairal"(庄园之意),将其比作国家,强调房子应能"提升住户的道德品质"。念及高迪是个坚定加泰罗尼亚现代主义者,这样的想法也不足为奇。

不必说,为实现这样的道德教育,建筑必当以上帝的造物——大自然为原型。

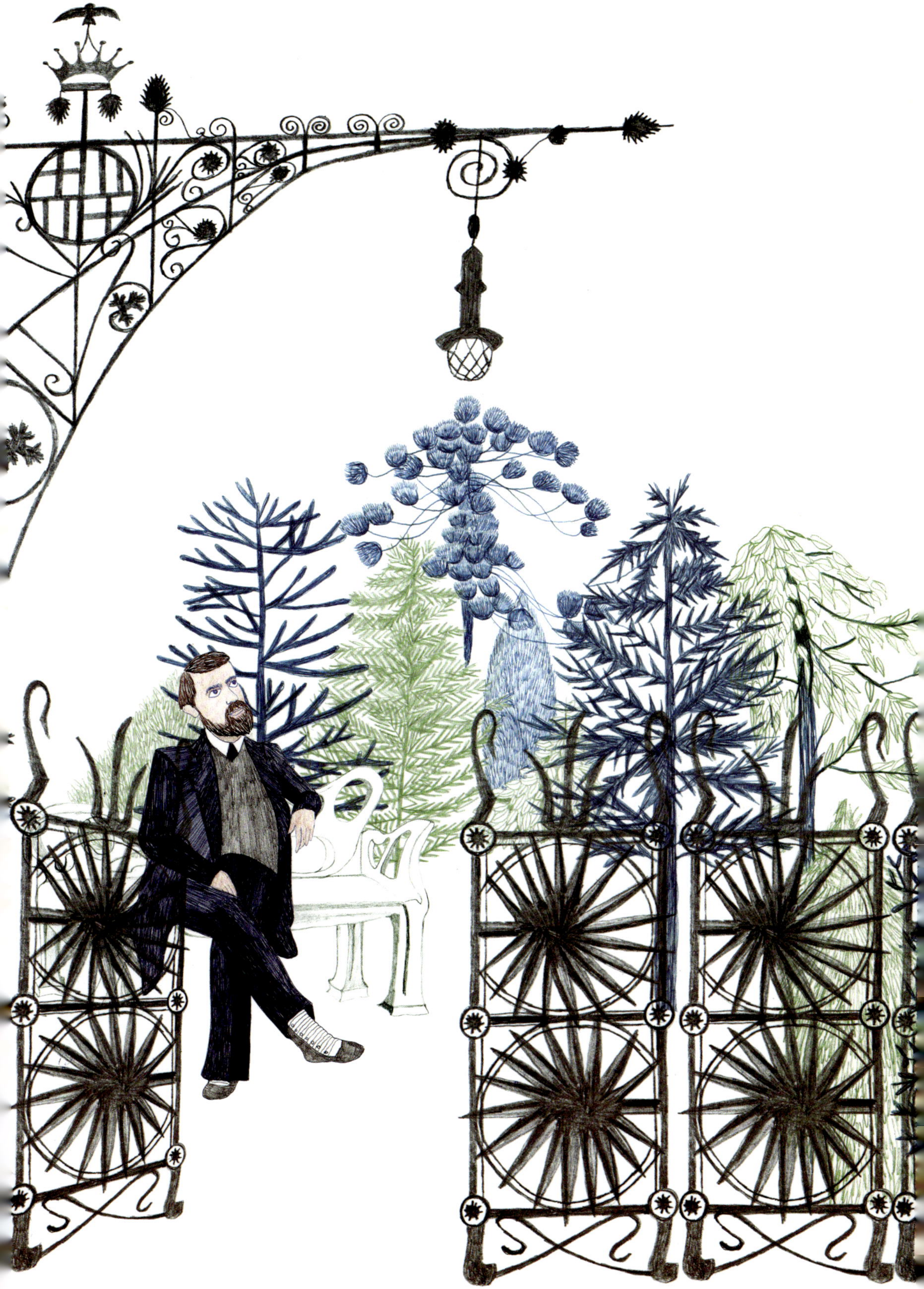

工人权利

　　1878 年前后，高迪开始参与他的第一个模范社区建设。马塔罗工人合作社是个成立于 1864 年的社会主义合作社，旨在维护工人权利。因高迪和他们一样积极倡导社会平等，合作社计划在马塔罗修建一座大院时便找上了高迪。小到文具、旗帜，大到建筑，一切的设计都由高迪承担。原计划建设集体宿舍区、一座机械车间和一个工人之家，对称分布于大院内。但实际只建成两座宿舍楼、一间盥洗室和上述机械车间，且仅车间留存至今。高迪设计车间时，首次尝试了抛物线拱结构——尽管因为拱结构并未延伸至地面，所以不能真正算数。他编写了不少标语，如"同志们，稳妥行事，善意待人！""成智者必先善待人""礼数繁多，教育之错""集体力量大"等，制成旗帜悬于拱上，工人们一抬头就能看见。随后五年间，高迪继续与马塔罗工人合作社合作；在合作社对工人社群构想的影响下，他对建筑的思考方式和设计手法得到进一步发展。

心倾神驰

　　高迪终身未婚，且身为虔诚的天主教徒，还给人留下了独身禁欲的印象；但他年轻时也曾坠入过爱河。别名"佩佩塔"的何塞法·莫雷乌（Josefa'Pepeta'Moreu）和姊妹在合作社开办的学校教书，同时负责刺绣高迪设计的旗帜。但高迪把图案画得过于复杂，姐妹俩只得要求他做些简化。佩佩塔拥护共和政体，受过良好教育，擅长游泳（在当时的女性中实属罕见），丽质天成。年轻的建筑师高迪很快对她生发出爱慕之情。

　　高迪成了莫雷乌一家主日聚会及晚宴上的常客，与佩佩塔频频交谈，却从未表露过心意。至于他为何不再奔赴莫雷乌家的晚宴，这一切又是如何结束的，高迪身边的人莫衷一是。有人说他求了婚，却从佩佩塔那里得知她已与一位富商订下婚约。还有人说，佩佩塔抢在高迪开口之前，就戴着订婚戒指出席了晚宴。高迪后称，是自己主动不再去见她的。成为圣家堂的建筑师后，高迪再没造访过马塔罗这个地方。

马塔罗工人合作社旗帜
高迪设计
佩佩塔·莫雷乌刺绣

集体力量大

天命昭彰

年轻建筑师高迪很快又对另一个理想社群产生了兴趣,这次是个以基督教为精神基础的社群。19世纪60年代初,书商何塞普·马里亚·博卡韦利亚·贝达格尔(Josep Maria Bocabella Verdaguer)成立了圣约瑟夫信众会。博卡韦利亚是个富有而虔诚的教徒。1881年,他在当时的巴塞罗那市郊买下一块地,而就在数年前,他刚开始为修建一座大型新教堂公开募捐——即后来的神圣家族大教堂暨赎罪殿。与此前的海上圣母教堂一样,圣家堂由当地社区修建,奉献给巴塞罗那的主保圣人圣约瑟夫;其宗旨有二,一是反对工业化,二是反对加泰罗尼亚文化边缘化。圣家堂不仅将建成为一座教堂,也将成为一个社区——人们在虔诚的天主教信仰之下,紧密团结在一起。

起初被任命为教堂建筑师的是弗朗西斯科·德·保拉·德尔·比利亚尔,高迪学生时代为教授打工时,他就是第一位雇主。但在1882年,第一块基石刚一落地,比利亚尔就因地下圣坛立柱(教堂最早建造的部分)的选材问题,与负责圣家堂的信众会关系破裂了。比利亚尔请辞后,信众会考虑过从前教过高迪、也是高迪的朋友兼雇主的另一位教授,霍安·马托雷利。但他们最终打消了这个念头,因为马托雷利已在负责为信众会审核教堂设计图纸,如若再被任命为建筑师,将引发利益冲突。

在坚定信仰的指引下,博卡韦利亚找到了解决方案。他梦见一位年轻建筑师,一双蓝眼睛炯炯有神。不久后,博卡韦利亚不在别处,恰巧就在马托雷利的办公室遇见了高迪,后者身为助理建筑师,正在那里工作。博卡韦利亚一见到他,就知道自己为圣家堂找到了继任建筑师。高迪1883年11月正式走马上任时,完成的建筑设计只有马塔罗工人合作社的机械车间。只有马托雷利等雇主知道高迪是个技巧娴熟、才华横溢的年轻建筑师,但在巴塞罗那和加泰罗尼亚的其余人等看来,他只是个名不见经传的小伙。一经任命,高迪声名鹊起,地位足以比肩巴塞罗那顶尖的建筑精英。

高迪的个人信仰愈发坚定，与博卡韦利亚来往愈发密切，并对这位长辈对圣家堂的构想信任有加，这些都让他得以在工作责任（最终也包括法律责任）骤然加巨的情况下并未失衡。高迪对建筑有自己的坚持，最能体现这一点的，是他要求获得修改教堂设计的绝对自由，好与比利亚尔的设计再无半点关联。信众会准许了他的要求。

高迪后来开始相信，自己获选成为圣家堂建筑师是因为上帝的干预。他认为，建设圣家堂的首要使命就刻在1882年砌下的那块基石上：圣殿将"增添神圣家族之尊贵荣耀，以唤醒漠然昏眠之心，赞颂信仰可贵，赋仁爱以友善……"

从此之后，高迪在大众心目中愈发形成信仰热诚、独身禁欲的形象。不过在1884年，他又两度传出绯闻。而他的爱情两次均凄凄然得不到回应。第一场爱情直到多年后的1912年才被诗人朋友霍安·马拉加利（Joan Maragall）写成故事。故事中有一位"苍白的脸蛋上生着一对紫色双眸"的"隐士"建筑师（即高迪），他爱上了一位异邦女郎（高迪的另一位朋友后称是法国人）。但这位女子已与他人订婚，后随未婚夫迁往美国。高迪此后又爱上了一位极其虔诚的女士，至于她是否也对高迪萌生过爱意，这无人知晓。这位女士成为修女后，高迪也愈发投身于自己的宗教信仰。高迪晚年固执地声称，婚姻本就不适合他，他也未曾动过半分结婚的念头。

比森斯之家

高迪被正式任命为圣家堂的建筑师后，虽然职业地位大大提升，但学生时代"不是狂人，就是天才"的预言尤萦绕耳畔。高迪拿定主意，即便实验性的宏伟计划能让自己声望大增，但作品集里光有这些东西可不行——用他的话说，他需要更多"有把握"的建筑项目。

1883年，比森斯之家破土动工，它将成为第一个"有把握"的项目。客户是砖材制造商曼努埃尔·比森斯-蒙塔内尔（Manuel Vicens i Montaner），他打算在格拉西亚建一幢别墅——彼时，这里尚是巴塞罗那郊外的一个小镇。比森斯之家的构造工整至极。高迪将（客户自厂生产的）边长15厘米的标准方砖用作整幢建筑的计量单位。从摩尔式建筑汲取灵感可能也受到这种瓷砖的启发，毕竟这是摩尔式建筑的重要特色。以方砖为基本单位让高迪在规划布局时有更大的自由，设计出了一座结构不对称、尺度多样化的建筑，贴着瓷砖的外墙上伸出塔楼、扶壁、阳台、山墙。高迪对摩尔式建筑的借鉴不仅从外观上就能看出，更清楚无疑地体现在室内繁复华丽的装饰上。

高迪设计全面，从建筑到家具无所不包，因而并非独立工作。蓬蒂作坊打造了家具；马塔马拉设计了蒲葵叶造型的锻铁围栏、大门和窗栅，负责打造的铁匠霍安·奥诺斯（Joan Onos）也将成为高迪的终生合作伙伴。助理建筑师弗兰塞斯克·贝伦格尔-梅斯特雷斯（Francesc Berenguer i Mestres）也加入团队，参与了别墅的整体设计。他在职业生涯中将始终与高迪并肩工作。

高迪特殊的工作习惯在这个项目里首次得到充分检验，与之相关的种种（通常属实的）传闻也将跟随高迪一生。建筑师通常遵循精心制订的计划施工，但建造比森斯之家时，高迪会在同一天内打掉一些墙又换个地方竖起，完全背离常规。比森斯之家与其说是盖出来的，不如说是有机生长出来的。据传，高迪这种建造方式差点儿让客户破了产，但两人的友谊亲密如初。

比森斯之家外观
安东尼·高迪，1883—1888
巴塞罗那

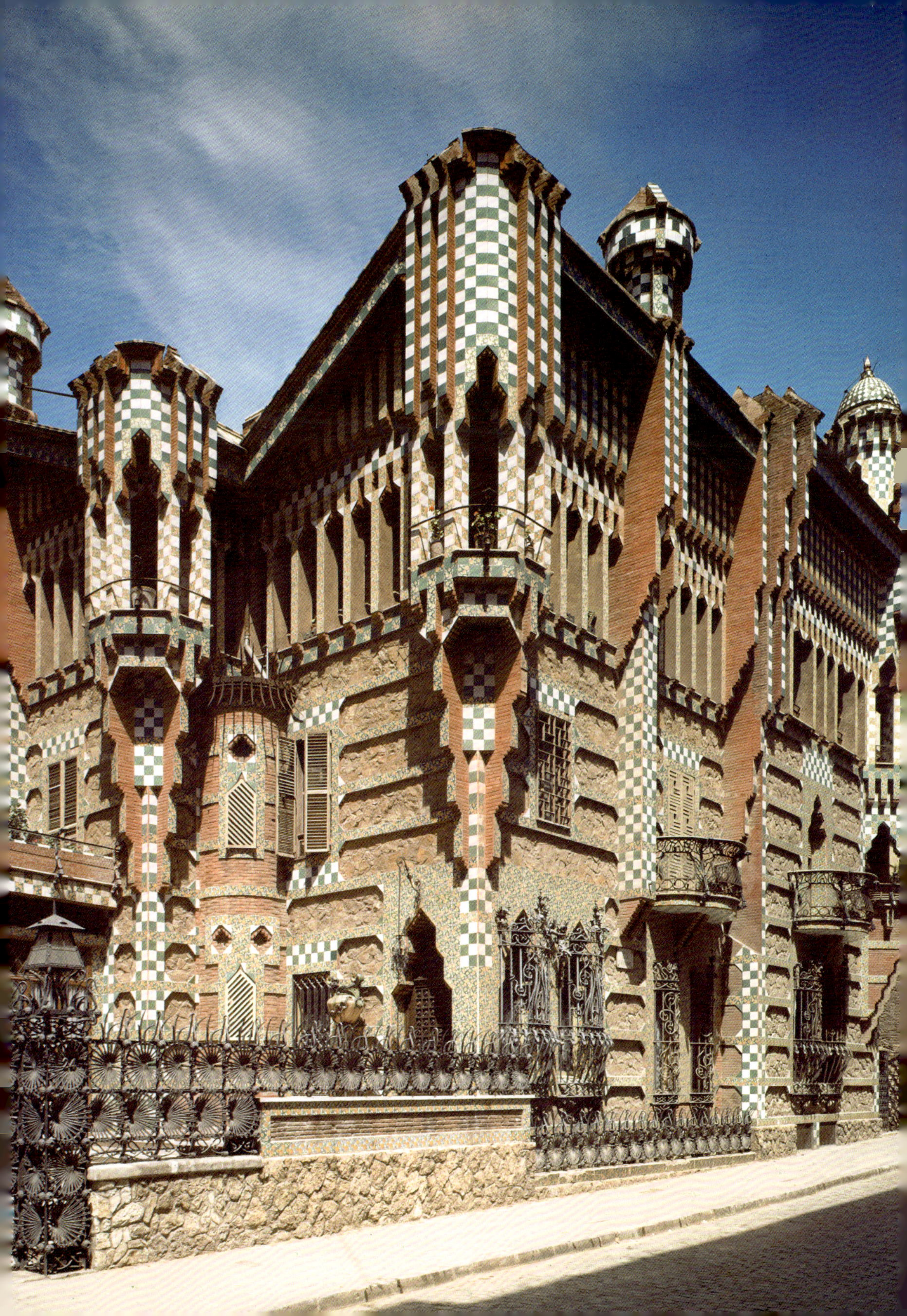

橱柜用灰泥雕饰壁纸伪装，和墙壁融为一体。

阿拉伯风格的大垫子套着织物垫套，定制的花样源自摩尔式装饰设计。

东方式奢华

屋内最让人眼花缭乱的房间莫过于水烟室，比森斯家族财大气粗，从中可见一斑。天花板用硬纸板塑形，纸板之上再饰以石膏造型板，这种结构名为穆喀纳斯（即钟乳拱，伊斯兰建筑典型装饰结构之一。——译者注），打造出精妙绝伦的洞穴状房间。室内装饰纷华靡丽，充满异域风情，带人遁入一个辉煌而浪漫化的摩尔世界。

摩尔风格的窗户让人联想到清真寺宣礼塔的形状。

欧塞比·桂尔-巴奇加卢皮
桂尔伯爵，约1900

兄弟情深

设计比森斯之家同时，高迪还接下另一项委托，为富甲一方的马克西莫·迪亚斯·德·基哈诺（Máximo Díaz de Quijano）在海滨小镇科米利亚斯设计一幢避暑别墅。高迪的设计再次以方砖为基本单位，最终落成的"奇想屋"可谓名副其实，是一座别有妙趣、异想天开的摩尔式中世纪建筑。高迪只画了房子的设计图纸，把实际建设工程转包给了同事克里斯托瓦尔·卡斯坎特·科洛姆（Cristobal Cascante Colom）。（1885年就过世了的）迪亚斯没能活着见到房子完工，但奇想屋最终屋主的父亲是高迪的主要赞助人之一，也是他的好友——欧塞比·桂尔。

富有的企业家、实业家兼政治家欧塞比·桂尔-巴奇加卢皮（Eusebi Güell i Bacigalupi）头一次看到并开始关注高迪的作品，是在1878年的巴黎世博会上（那个手套展橱），但直到1883年才在欧达尔德·蓬蒂的作坊与高迪相识。二人一见如故，桂尔当下便拿出赞助人的姿态，请高迪为桂尔家族的小教堂设计一些家具。高迪从此成为桂尔家族的建筑师，一做就是35年。

两人结下的友谊对高迪的一生至关重要，还对巴塞罗那及加泰罗尼亚建筑界的变革产生了决定性影响。桂尔家族之于近代加泰罗尼亚的重要意义，不亚于美第奇家族之于15世纪的佛罗伦萨。

桂尔委托高迪的设计很快由家具发展为建筑。高迪设计过一座狩猎小屋但从未建成，而是被另一个项目取代：为巴塞罗那西南方向的桂尔乡间别墅（又名桂尔庄园）设计入口两侧的门屋。二者一座是门卫室，一座是马厩，延续了高迪的东方式风格，以砖块为基本单位，顶部设有形如宣礼塔的灯笼式天窗。室内设计了抛物线拱顶（这一回是实实在在的抛物线拱），打造出雪白无瑕的拱形空间。抛物线拱成为了高迪的标志性设计。

这一项目的诸多设计中，最是外形优美又富于文化内涵的，便是高迪和马塔马拉合作设计的龙之门了。与比森斯之家的蒲葵叶造型铁艺一样，这道铁门也是细节极为丰富的锻铁工艺杰作。门上的巨龙拉冬在希腊神话里负责守护金苹果圣园，后来被赫拉克勒斯（Hercules，加泰罗尼亚人认为，是他建造了巴塞罗那）打败。这个神话故事被最重要的加泰罗尼亚当代诗人（也是桂尔的好朋友、高迪所在的短途旅行社的成员）哈辛特·贝达格尔（Jacint Verdaguer）写进了史诗《亚特兰蒂斯》。龙之门内坐落的宅邸里，住的正是加泰罗尼亚复兴运动中举足轻重的人物，可谓高迪娴熟运用象征手法的完美例证。

龙之门，桂尔庄园
安东尼·高迪，
1884—1887
巴塞罗那

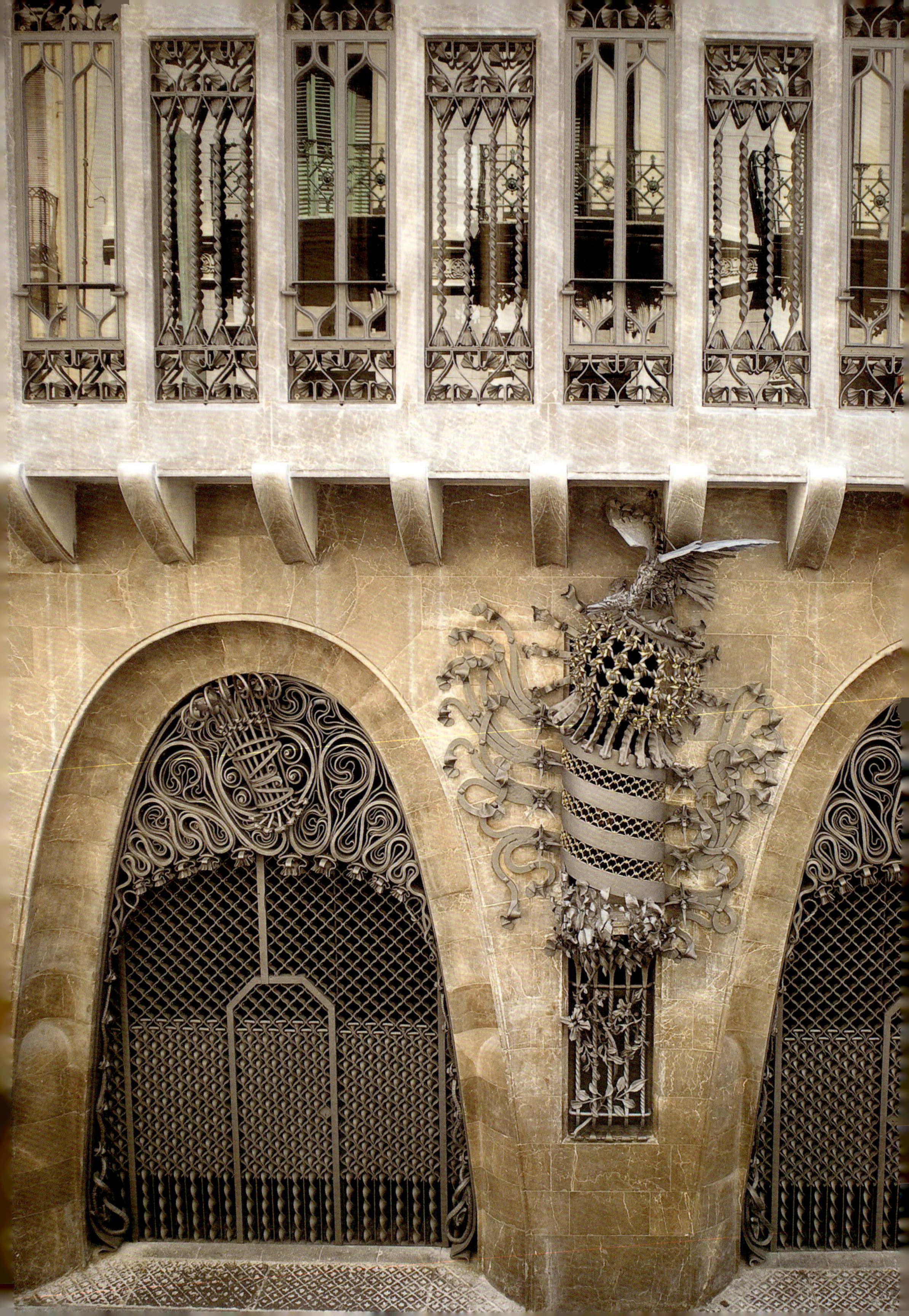

桂尔宫

前述委托都只是牛刀小试，桂尔委托高迪在巴塞罗那中世纪城区的阿萨尔托伯爵街上建造的高大联排城市住宅才算得上第一份真正的大工程。1885年秋，高迪开始动手设计桂尔宫——这里不仅仅是桂尔的家宅，正是在这儿，桂尔这个名字成为了现代加泰罗尼亚的代名词。落成后的住宅被当地报纸形容为"与常规和流行的对抗"。在为桂尔驱逐商业及政治对手方面，桂尔宫是否真有助力另当别论，但它实实在在地确立了高迪的身份：一位将巴塞罗那的过去、现在和未来集于一身的建筑师。

高迪和贝伦格尔为桂尔宫倾入了大量心血，光正立面的设计就起草了至少22稿。选址位于城区，被楼房和窄街团团围住，规划需得慎而又慎。高迪从他最喜爱的参考对象中汲取了灵感。支承房屋重量的是地下室里的一片"小树林"，由127根石灰柱组成，与科尔多瓦清真寺的设计相似。得益于此，地上楼层实现了开放式空间，房间规划可以随心所欲。石灰柱沿着高迪拿手的抛物线拱合拢在一起，房屋近乎从柱子上破土而出一般。地上四层楼垂直上升，其间巧妙穿插拱顶、饰窗、窗户、并置体量，它们相互作用，赋予建筑明与暗、纵与横、收与放的双重特性。

桂尔宫的设计及建造极尽精致繁复，可见钱不是问题。一楼设有一对引人瞩目的锻铁大门；因高迪需要用一种特殊的方式切割大理石，桂尔甚至为此从国外订购了一把锯子。据传，桂尔收到一叠项目账单后，只说了句："高迪就花了这么一点儿?!"

桂尔宫正立面
安东尼·高迪，1885—1890
巴塞罗那

高迪的完整构想

来到桂尔宫的主入口，经过马塔马拉打造的两座精美绝伦的锻铁门和纹章石雕，爬上一段颇有气势的台阶，就能抵达富丽堂皇的中央大厅，其墙面径直向上延伸，越过三层住宅层，直抵中央主塔楼之下的穹顶。站在大厅向上望去，但见上层设计繁复的木制饰窗。沿着露台方向延展，与二楼同宽的便是主客厅。

独特的铁艺和石雕设计仍由略伦斯·马塔马拉打造。

地下室里林立的巨柱通过抛物线拱连接，支承地上全部楼层的重量。

桂尔宫的屋顶景观是高迪最早的同类作品。这类屋顶不只是晾晒衣服用的，还是建筑中又一个充满趣味的空间，住客可以在这里欣赏周边的城市风景。

桂尔宫的家具全部由高迪设计，在蓬蒂作坊打造。

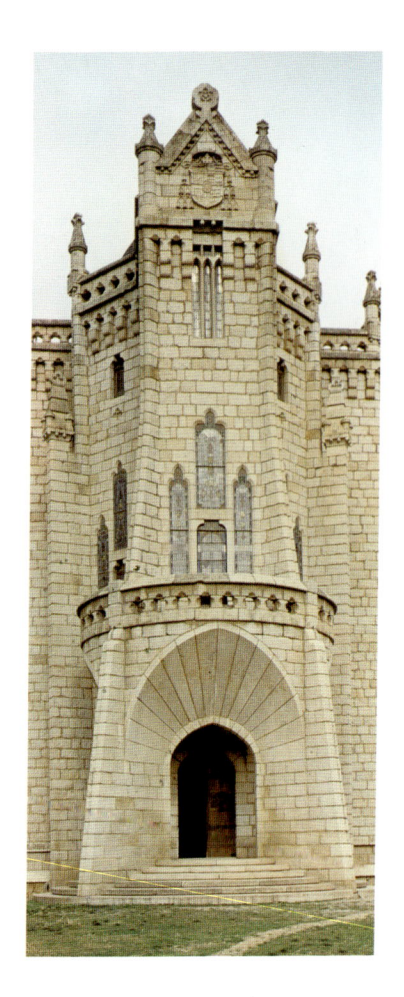

阿斯托加主教宫门廊
安东尼·高迪，1887—1893
阿斯托加

无所不在的抛物线拱

1887年，桂尔宫尚未完工，高迪就接到新委托，在莱昂省的阿斯托加修建一座主教宫。客户阿斯托加主教霍安·巴普蒂斯塔·格劳（Joan Baptista Grau）是高迪的雷乌斯老乡，也十分欣赏高迪为圣家堂做的设计。

因阿斯托加距巴塞罗那路途遥远，高迪起初并未造访选址，而是根据格劳寄给他的照片及有关当地历史的书目起草了设计图，期望复制"奇想屋"的成功之法。莱昂当地有许多建于16至17世纪的巴洛克式教堂，高迪还对此研究了一番。格劳收到设计图后，立马致信高迪："设计图收到，美轮美奂。非常喜欢。可喜可贺。盼复。"整个项目自始至终，格劳都对高迪的构思热情不减，即便高迪自己都觉得有缺陷，他仍赞不绝口。高迪终于来到阿斯托加时，却发现设计时参考的照片误导了他，决定最好的办法就是把整幢建筑重新设计一遍。高迪坚持自己的建筑要与周遭环境协调一致，称主教宫必须是自然、建筑、宗教的完美结合，对此矢志不移；格劳显然十分欣赏这一点。

格劳1893年因坏疽感染去世时，主教宫已建成大半，但高迪此后不久便退出了项目。没有了格劳，阿斯托加教区委员会总是在设计上与高迪争执不休。施工就此中止，20年后在建筑师里卡多·加西亚·格雷塔（Ricardo García Guereta）的带领下重启，但他大刀阔斧地更改了高迪原本的设计。格雷塔也在项目完成前辞了职，到了20世纪30年代西班牙内战期间，这座进退两难的建筑被用作当地的法西斯指挥部。主教宫直到20世纪60年代才最终落成。高迪的设计在门廊处最为显著，因为这里使用了抛物线拱结构。

尝试立柱结构

虽然阿斯托加的工程没有完工，高迪仍在附近的省会莱昂市成功完成了一个建筑项目——尽管再次遭遇当地人阻挠。1892年前后，桂尔的一位同事找到高迪，委托他在莱昂市中心修建一座雄伟的大楼，集住宅、办公、仓储为一体。博蒂内斯之家由此诞生，与高迪其他建筑作品相比，选址对这一设计的影响不大，究其原因，可能是高迪没有下功夫去了解这座城市。当地人也没有下功夫去了解高迪。他们对高迪的建造工艺疑心重重，在施工过程中散布谣言，说这座房子就快垮了。1893年，博蒂内斯之家落成，这是一座四面环街、顶部缀有塔楼的石头堡垒。主立面入口上方有一尊马塔马拉刻的雕塑，是加泰罗尼亚的主保圣人在漫不经心地攻击一条长得很像鳄鱼的龙，似乎有意嘲弄莱昂市的好市民。

博蒂内斯之家外观密不透风，室内空间却完全开放。为此，高迪用铸铁柱布置柱网，支承楼体，这样就能按照客户的想法，任意安排墙壁和房间的位置。

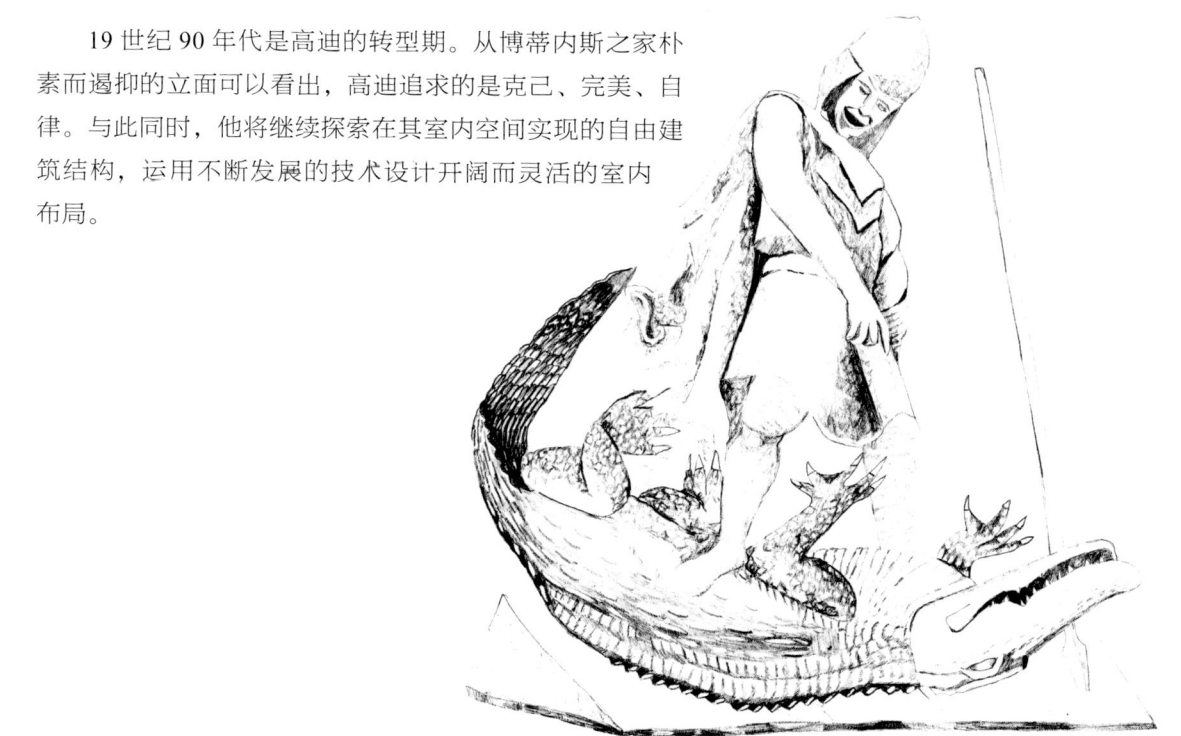

19世纪90年代是高迪的转型期。从博蒂内斯之家朴素而遏抑的立面可以看出，高迪追求的是克己、完美、自律。与此同时，他将继续探索在其室内空间实现的自由建筑结构，运用不断发展的技术设计开阔而灵活的室内布局。

为上帝腾出更多空间

　　高迪对待工作"一不做，二不休"的态度影响到了他生活的方方面面，在饮食上尤为突出。众所周知，他是严格素食者，主要靠菊苣和牛奶填饱肚子，偶尔还会禁食半日。亲朋好友表示担忧时，他会说自己吃这么少，是为了给上帝留出空间。

　　19世纪90年代初，高迪失去了两位最为亲近的精神导师：博卡韦利亚于1892年逝世，格劳则在1893年离开人世。高迪愈发热衷于宗教修行，本就严格的饮食结构也因此受到进一步限制。1894年四旬期（复活节前守斋四十日的节期。——译者注）期间，高迪完全禁食，差点儿因此送命。他虚弱得无法从床上起身，但就是不肯停止守斋，连父亲的劝导都不听。直到一个朋友指出，人们在他斋戒绝食这件事上关注的不是献身信仰的精神，而是高迪本人（巴塞罗那的报纸都议论纷纷），他这才罢休。

　　高迪偶尔也会就自己的怪癖开个玩笑。一次，（后来第一个为他著传的）好友塞萨尔·马蒂内尔（Cèsar Martinell）顺道来访，碰上高迪正在吃饭，就说自己可以过会儿再来。高迪没有邀请朋友坐下来一起用餐，而是问道："你恐怕从没见过建筑师吃饭吧？"

波浪形表面

经历与死亡擦肩而过的斋戒后，有四年的时间，高迪似乎把更多精力放在了宗教生活而非建筑项目上。不过在1898年前后，他承接了另一座巴塞罗那的联排城市住宅的工作，这就是卡尔韦特之家。客户佩雷·卡尔韦特（Pere Calvet）是纺织品制造商，也是桂尔的工作伙伴。

选址处于一段街区中央，处处受限。和高迪以往外观老式、室内新潮的设计相反，卡尔韦特之家的室内布局十分传统，灵感来自巴洛克式建筑的正立面反而是富于表现力的杰作，一座座阳台探出墙外，饰有马塔马拉设计、精致繁复的铁制围栏。据传，阳台的设计取材自卡尔韦特对蘑菇的喜好。

建筑立面好似水波般荡漾起伏，这种设计将在高迪往后的建筑中反复出现。1900年，卡尔韦特之家还被市议会评为年度最佳建筑。高迪的形象在公众心目中达到顶峰。

卡尔韦特之家正立面
安东尼·高迪，1898—1900
巴塞罗那

毁誉参半

不过彼时，高迪在事业和信仰上的精益求精已让舆论出现两极分化。在忠实的朋友、委托人、拥护者眼中，高迪天赋异禀，专业修养极佳，是一位圣人；但在其他人看来，高迪不过是性格古怪，还有越来越多的年轻人觉得他是个自负又假作虔诚的骗子。蒙塞拉特圣母联盟评选组织内最虔诚的成员，把高迪列入了决选名单，他这样回应："请你们去掉我的名字可以吗？记不记得我们做弥撒时说的'只有您是圣洁的'？完美的人只有一个，但他不在这个世界上。"一些人认为，如此答复是圣徒之举，另一些人却觉得他自命清高。

"圣路加艺术家圈"是高迪的首要支持者，由高迪的同事们创办，旨在推广天主教艺术。在艺术家圈的成员看来，高迪献身于信仰，意味着他处于那些年纪轻轻又"不信神"的艺术家的对立面。巴勃罗·毕加索就属于后者，他们一家在 1895 年搬到了巴塞罗那。高迪对毕加索及其代表的一切出了名地憎恶，毕加索对高迪的看法也没好到哪儿去。毕加索刚刚移居巴黎时，一度致信巴塞罗那的朋友，写道："你要是碰到奥皮索（Opisso，漫画家，也是高迪的朋友），就跟他说，把高迪和圣家堂送下地狱吧。"1902 年，他画了一幅小型钢笔画，题为《禁食中的高迪向一个穷苦家庭宣讲上帝和艺术》。

巴勃罗·毕加索，《禁食中的高迪向一个穷苦家庭宣讲上帝和艺术》，1902 年。

配字：
高迪：
"这很重要。
我要给你们讲一些
非常重要的事情。
有关上帝和艺术。"
穷人家的父亲：
"哦，好吧。
但我的孩子们还饿着肚子哪。"

美景屋，有砖砌拱顶的顶层内景

安东尼·高迪，1900—1909

巴塞罗那

连接天地

从1900年开始，高迪19世纪80及90年代的新哥特风格与东方式风格逐渐演化，形成一套由他独创的视觉语言及结构语言。在他手中，加泰罗尼亚现代主义开始向纯粹抽象靠拢。就在1900年，高迪启动了若干项目，个个别创一格。其中第一个便是"美景屋"。房子建在阿拉贡国王马丁一世（Martin I，1356—1410）的狩猎小屋遗址上。阿拉贡王国自9世纪开始统治巴塞罗那，马丁一世是该王朝最后一任国王。设计美景屋时，高迪一反常态，决定抛开往常的所有合作者，完全独立工作。

在美景屋中，高迪开始运用三种象征大地和天空的特殊设计：景观花园里建有斜柱拱廊，让建筑与周遭环境直接相连；顶层运用加泰罗尼亚砖砌工艺打造拱顶通风系统，把建材暴露在外，形成两倍楼高的开阔空间；楼梯蜿蜒起伏，贯穿全屋，连接（象征大地的）地面和（象征天空的）屋顶。在高迪后来的建筑中，这些特殊设计还将向出人意料的方向演变和发展。

美景屋直到1909年才落成。这一年，对高迪和整个加泰罗尼亚来说，都是决定性的一年。不过在此之前，高迪的建筑风格将日臻成熟，进入全盛时期。

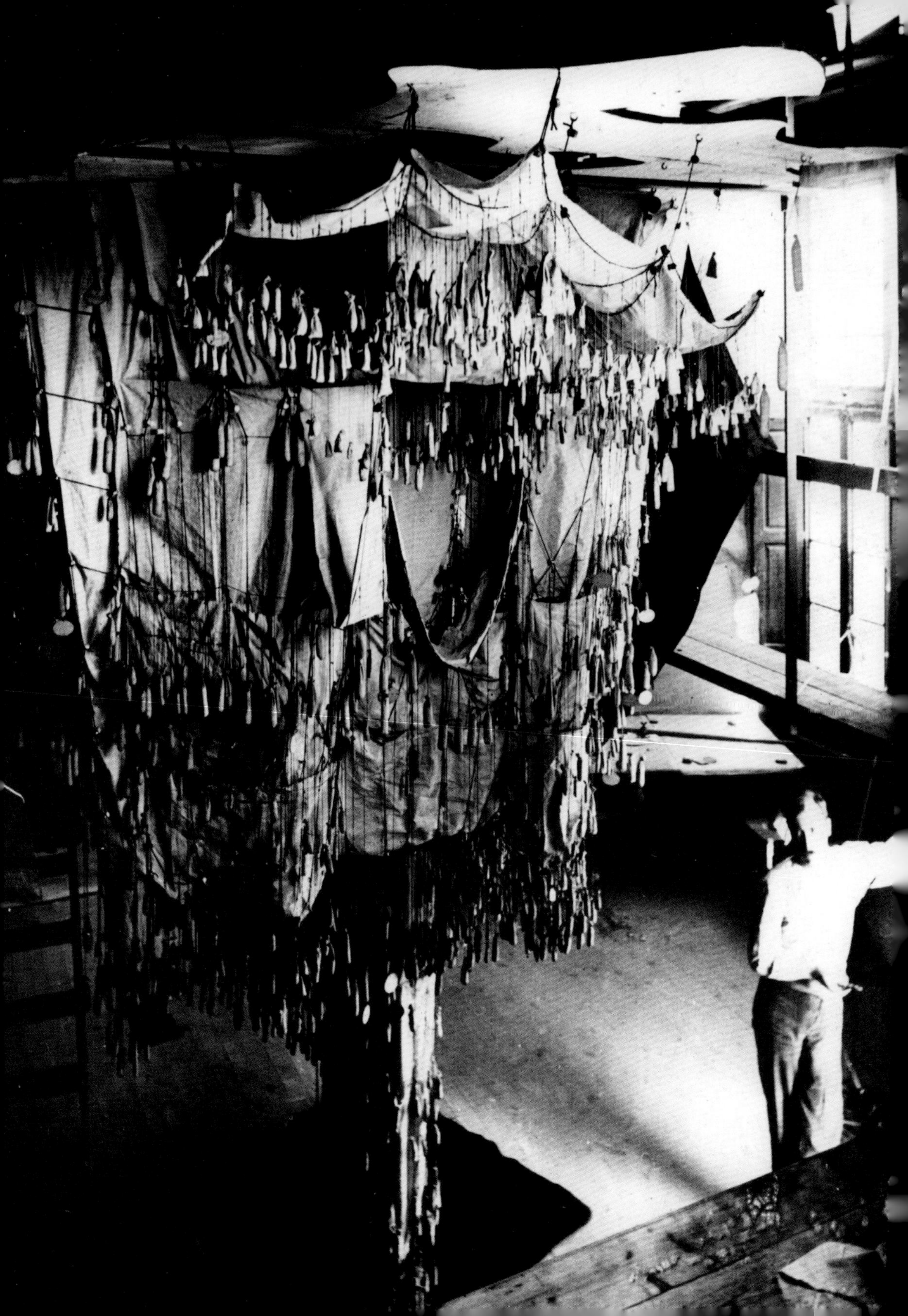

倒挂工程学

毕加索一干人批判高迪受信仰蒙蔽，对弱势群体的苦难视而不见，但事实恰恰相反，高迪向来十分关心工人阶层和社会权利诸事。1900 年前后，欧塞比·桂尔决定在巴塞罗那城外不远处建设一个工人住宅区。在这个项目中，高迪主要参与住宅区教堂而非整体园区设计，但他仍把这份工作视为波夫莱特社区和马塔罗工人合作社的延续。设计集体宿舍、工人之家、校舍等非宗教建筑的任务被高迪交给贝伦格尔和（19 世纪 90 年代加入团队的）另一位助理建筑师霍安·鲁维奥-贝利韦尔（Joan Rubió i Bellver），设计上使用仿摩尔式砖砌结构，有高迪早期作品的影子。教堂的设计则是高迪的一大创举。

设计这座教堂时，高迪将此前设计过的抛物线拱门和悬链线拱顶作为整座建筑的基础构建元素。为实现这一设计，高迪花了十年的时间，用数百根缀有重物、交错缠绕、系在一起的绳索，制作了一个倒挂的教堂模型。高迪设想，把线绳在重力作用下的弯曲程度翻转过来，就是教堂的拱门、拱顶应有的弧度及球面度。高迪本质上反转了自然界中的压力和张力，由此发明了一种全新的结构理论——这就是全世界第一个参数化自适应模型。只要改变模型中的任意连接点，在绳索悬重的作用下，整个模型都会随之自动调节。这也意味着最终落成的建筑将在结构上保持绝对平衡。这种建筑形态的设计技术启发了一代代建筑师。人们对它推崇备至，甚至到了某种极端狂热的程度。

为桂尔住宅区制作的参数化模型
约20世纪初

参数化现实

为了安排教堂内部拱顶和柱子的位置，高迪、贝伦格尔、鲁维奥三人根据倒挂模型，用细铁丝制作了一个正面朝上的新模型。

高迪想让工地上的工人团结合作，建设模范宗教集体。他试图劝大家戒酒，收效甚微。不过，当一位工友严重受伤，双腿多处需要植皮时，大家团结在了一起。工人也好，赞助人也好，都为移植手术捐献了皮肤。为表彰捐献者为教会做出的贡献，教皇授予了他们"当之无愧奖章"。

不必说，打磨柱石的工匠中必有略伦斯·马塔马拉。

住宅区未能落成。1914年，教堂的建造被叫停，只建成地下圣坛、塔楼、墙垣、大门等部分。高迪的注意力老早就转向了圣家堂。

桂尔公园

　　桂尔住宅区项目进行的同时，桂尔和高迪还开始为家道更为从容的巴塞罗那居民开发住宅，选址位于俯瞰市区及圣家堂的城西山地。他们想效仿英国田园城市运动，创建一个远离城市烟雾喧嚣的舒适住宅社区。按照计划，桂尔公园的开发将以未来居民买入的方式从私人处筹资。

　　因选址地势倾斜，高迪设计的基础结构错综复杂，花木郁郁葱葱，阶地、小径、观景台错落其中。高迪意在让建筑与自然环境相互映衬，还从流行于19世纪、充满异国浪漫风情的"天堂花园"设计中汲取了灵感。

　　高迪的桂尔公园在概念及类型学上属于希腊古典主义风格，但重新从现代加泰罗尼亚的角度进行了思考和想象。经过大门两侧的门屋继续前行，沿着依山而凿的宽阔阶梯拾级而上，便可来到"希腊剧院"，这个集市带有顶盖，由灵感取自多立克柱式的圆柱支承。集市顶部是一片大广场，孩子可以在这里玩耍，大人也可在此散步休闲，城市全貌、海滨景观尽收眼底。广场护栏设计为一条弯弯曲曲、连绵不断的长凳。

　　根据土地开发计划，高迪、贝伦格尔、鲁维奥三人应设计六十套住宅，怎奈认购者寥寥，最终只建了贝伦格尔和鲁维奥设计的几幢房子。反响不佳可能是因为桂尔公园离巴塞罗那城区过远。不过，高迪和桂尔为住户制定的严格条款更可能是抑阻客户的主要原因。主要条款包括：住户不可在房产内开展商业活动；围墙不可高于80厘米，以免限制他人视野；所有住宅均不可越出划定地块半步，这样既能保证屋主看到海景，也不会遮挡后面和上方房子的视线。如今看来，这些限制条件无不合理，但1900年的巴塞罗那人可不这么想。在桂尔公园住过的人少之又少，1906年，高迪偕同父亲和外甥女一起搬进开发区，成为其中三员。高迪此后的20年间一直住在这座贝伦格尔设计的房子里，直到去世前不久才搬离。

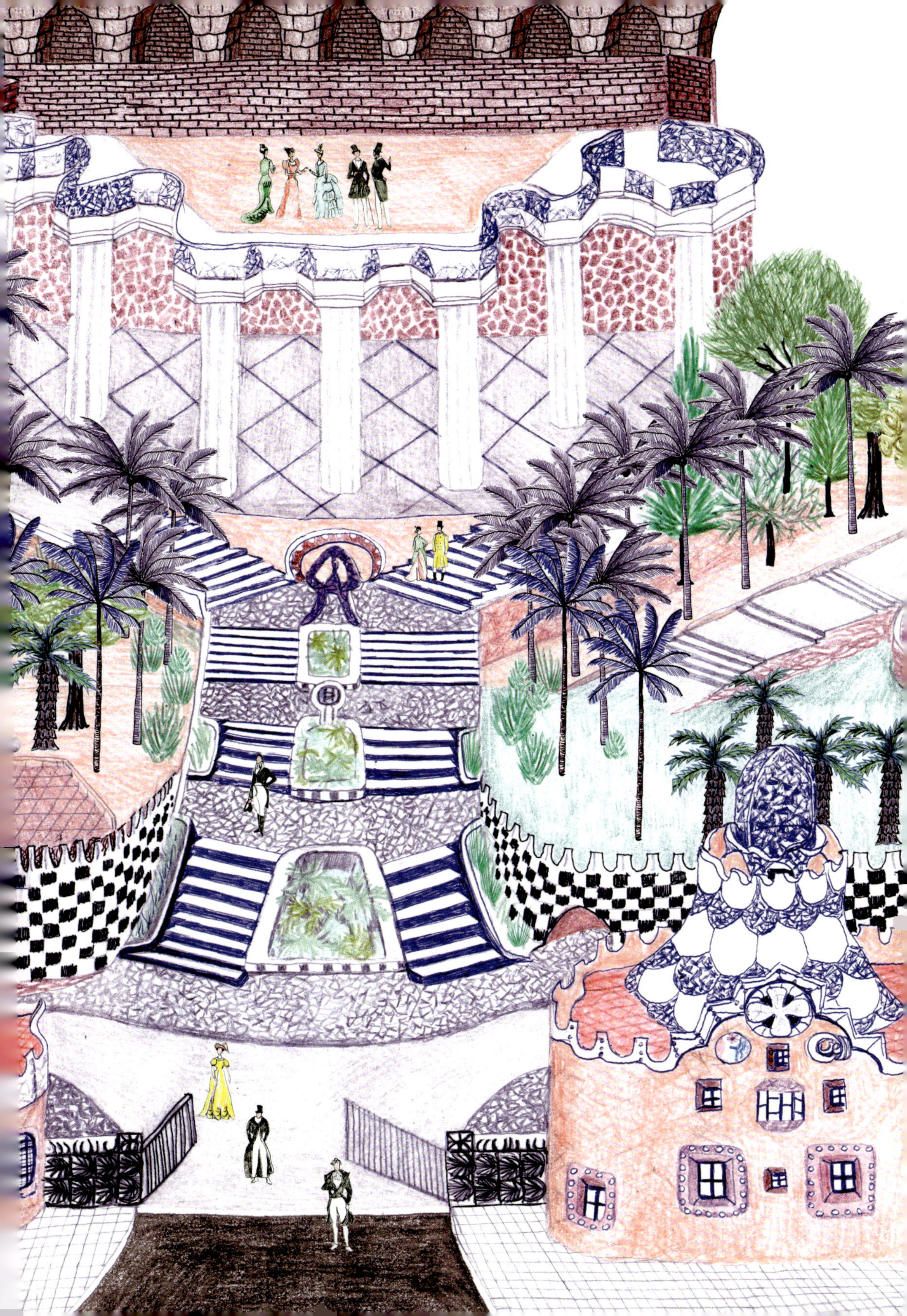

巴特约之家

1905 年前后，高迪在桂尔住宅区、桂尔公园、美景屋、圣家堂一众项目间忙得团团转的同时，又接下格拉西亚大道上一座联排城市住宅的翻修工程，地址位于时尚的巴塞罗那市中心。房子建于 1877 年，设计者是高迪以前的教授埃米利奥·萨拉斯·科尔特斯（Emilio Salas Cortés），高五层，带后花园，新乔治亚式正立面无甚修饰。何塞普·巴特约（Josep Batlló）1900 年左右买下这幢房子，认为它亟需现代化——确切地说，是加泰罗尼亚现代化。他选择让高迪完成这项工作。

这座房子隔壁是阿马特列之家，由高迪的好友、同为加泰罗尼亚现代主义者的何塞普·普伊赫（Josep Puig）设计——高迪认为自己理应向其表示敬意。说高迪设计城市建筑时向来不把邻近建筑考虑在内，是有据可依的。但他在巴特约之家的部分设计中花了些心思，使之与阿马特列之家保持协调。因后者矮了几层，高迪还设计了带坡度的屋顶轮廓线，使二者相连。

高迪完全成熟的风格在巴特约之家首次出现。桂尔住宅区已实现结构与形式、室内与外部的统一，巴特约之家在此基础上进一步发展，房间位置完全取决于正立面的设计。高迪在此前多项工程中运用过名为"特伦卡迪斯"（trencadis）的碎瓷镶嵌工艺，其中以桂尔公园最为著名。巴特约之家外墙面同样铺满碎瓷镶嵌装饰，精美绝伦，前所未见。波浪形正立面上覆着熠熠生辉的碎瓷镶嵌图案，绿、蓝、橘、紫各色变换，整座建筑好似没入池中，隔着起皱的水面窥到的一般。

高迪设计之老练复杂不止于此。他在主层楼面二楼打开一排新窗户，窗框细长，形似骨；装饰细节为有机形态，状如叶。他还在楼上原有的窗户周围添设形如面具的小阳台，顶上盖以弯弯曲曲的房顶，覆着绿、蓝、粉、红的鳞片状瓷砖，鲜艳夺目。房顶呈龙背形，再次向加泰罗尼亚主保圣人屠龙者圣乔治致敬。

1906 年翻修完工后，人们给巴特约之家起过不少绰号。因正立面得名的"骨头之家"和"哈欠之家"最受媒体青睐。超现实主义者萨尔瓦多·达利（Salvador Dalí）后称："用来建造这座房子的，是平静的湖水……是波光粼粼的湖水，还有那被风吹皱的湖水。"

巴特约之家正立面
安东尼·高迪，
1905—1906

巴塞罗那

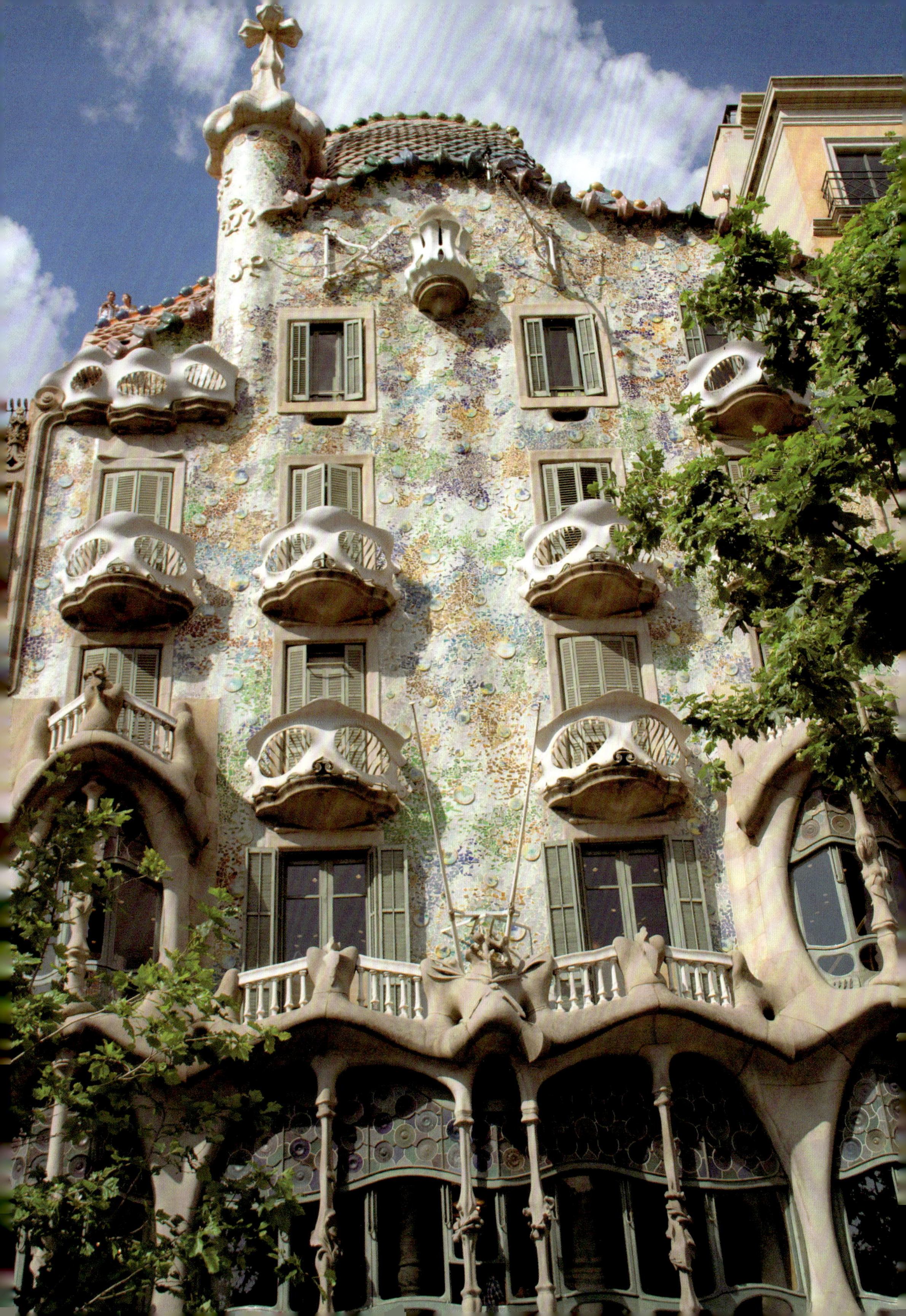

"章鱼的花园"

巴特约之家有两个窄小的中庭，进深较大的房间朝向中庭开窗，因而兼有采光井功能。高迪此处用白色和蔚蓝相间的瓷砖铺出繁复花样，底层以白色为主，随着楼层升高向深蓝色过渡。阳光从楼顶开口处照射进来时，会罩上浓烈的深蓝色光晕。潜水员在海底抬头仰望，透过海水去看那阳光普照之处所得景致，应与此情此景别无二致。

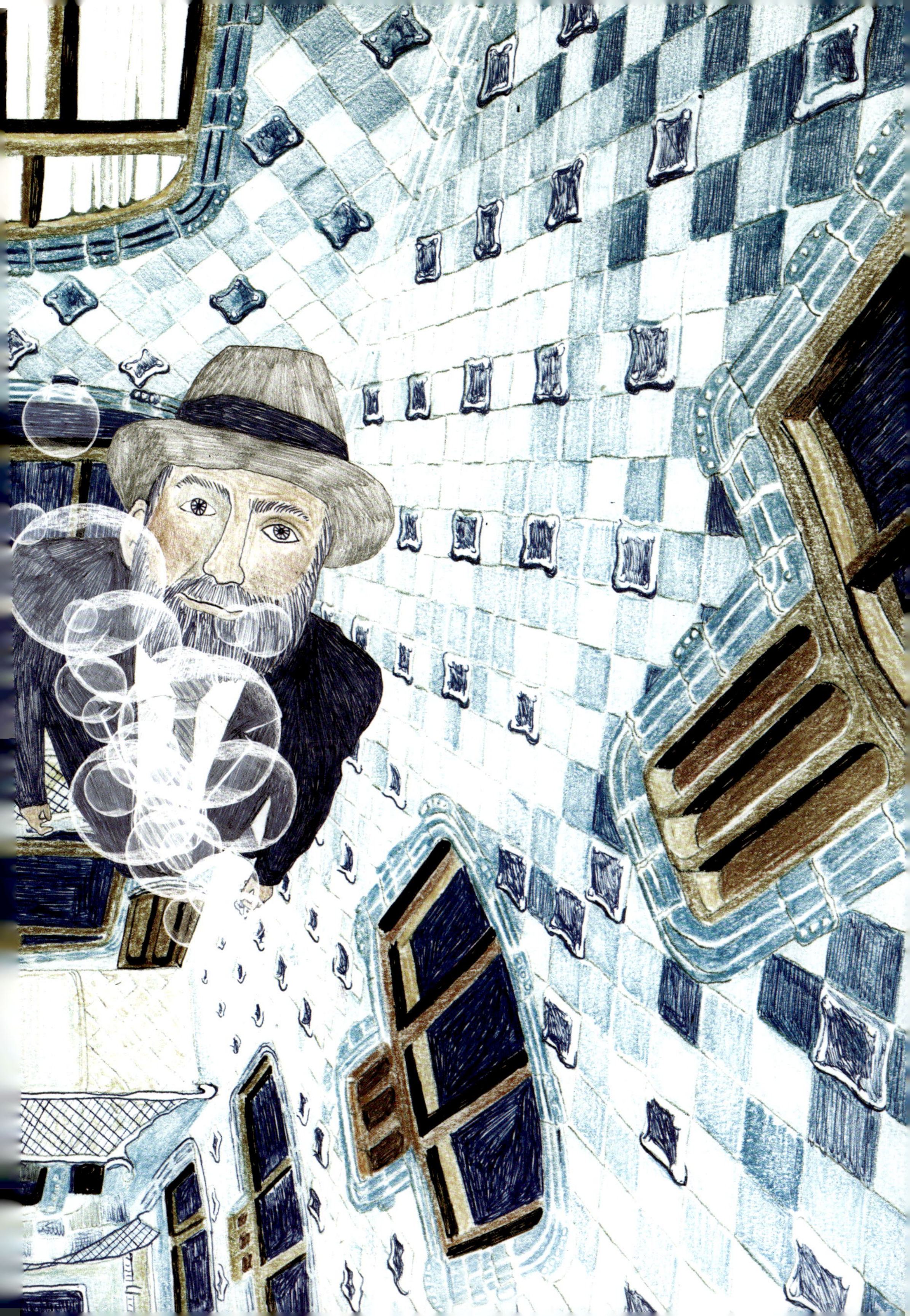

"螺壳"内观

在巴特约之家内部,高迪改建的重点是客户巴特约一家将要居住的一层至三层。和中庭一样,这些房间从形状到用色都与外墙的水域主题相互呼应。

二楼主客厅内,位于正立面的一大排波浪形落地窗让房间显得十分开豁,恍若漂浮于街道之上。天花板的灰泥石膏造型呼应立面上的旋涡图案,雕刻师是高迪新的合作伙伴何塞普·瑞若尔(Josep Jujol)。内墙和外墙一样,既无一整块平面,也没有一条直线。但与

巴特约之家主客厅

安东尼·高迪，1905—1906

巴塞罗那

外墙上闪闪发亮、色彩丰富的碎瓷镶嵌装饰相反，内墙是温暖的中性色，让人想起海底的洞穴——虽然这些房间既干爽，又舒适。

　　全屋通铺镶木地板；波浪形雕花木门嵌有彩色玻璃，复又是外墙的碎瓷镶嵌海洋图案。木门串联起同层所有房间，可全部打开，形成开放的穿廊式房间。门上的雕花式样还呼应了高迪为房间设计的家具上的雕饰。

贴合身体曲线

高迪早在 1878 年就设计了自己的办公桌。自那一刻起，他就再未停下设计家具的脚步。在他看来，家具设计与建筑外部及内部设计密切相关，并将这一想法贯彻至本人的许多建筑项目中，以比森斯之家、桂尔宫、卡尔韦特之家、巴特约之家最为知名。起初，高迪设计的家具由木匠欧众尔德·蓬蒂的作坊制作；随后数十年间，高迪与不少雕刻师、家具师建立了合作伙伴关系，改由他们打造家具。

办公桌之后的第一套家具为科米利亚斯侯爵的私人小教堂设计，遵循了当时新哥特式家具的标准。这些家具用红色天鹅绒、实木和金属打造，装饰华丽，细节繁复。不过，着手设计桂尔宫时，高迪对有机设计得心应手的一面初露锋芒。19 世纪 80 年代为桂尔宫设计的家具仍残留着早期作品装饰华丽的影子，但从对页图中的梳妆台可见，高迪用更天马行空的方式将不同文化参照物组合在一起，达成富于动感的非对称整体效果。这种设计还凸显了木料的品质，在那流畅的曲形轮廓中，可以预见高迪日后将在圣家堂如何打造石料。桂尔宫的家具上，嵌金装饰仍是一大特色。到 19 世纪 90 年代为卡尔韦特之家设计长椅时，实木之外的材料从高迪的设计中尽数消失了。长椅中间凿空，为就坐者的身体留出空间。

不过最令人眼前一亮的，还要数他为巴特约之家设计的家具。高迪在这里展现出更纯粹的个人风格，家具更像是在表现人体及表达人体和木料之间的关系。他为巴特约之家打造的每一把椅子，其木工雕刻都贴合身体轮廓——看起来都是专门设计，无需传统椅垫也能保障就坐者的舒适。

实话说，这些椅子看起来好像能自己迈开腿走掉。对页图示的双座椅尤其出人意料。它由木料雕凿而成，设计上关注就坐者的舒适，具有高迪晚期家具的典型特征。通常来说，这类椅子的设计能让两个人并肩而坐。但高迪设计这把椅子时，让两个座位向不同方向转开，朝向分开而非相同。既容许亲密接触，又创造出了独立空间。

从左上角开始沿顺时针方向

**桂尔宫的梳妆台
卡尔韦特之家的长椅
巴特约之家的双座椅**
安东尼·高迪，1885—1906
巴塞罗那

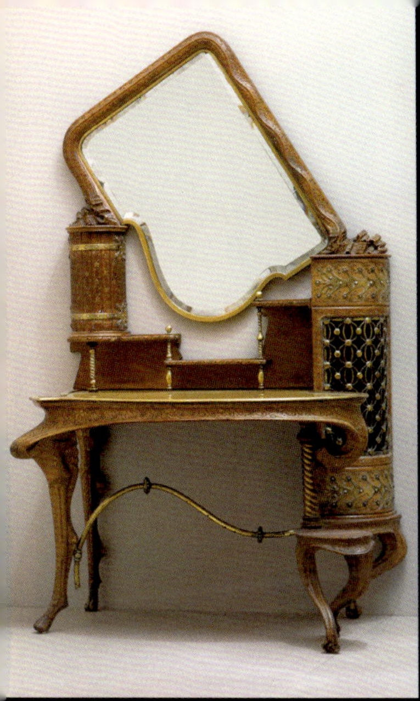
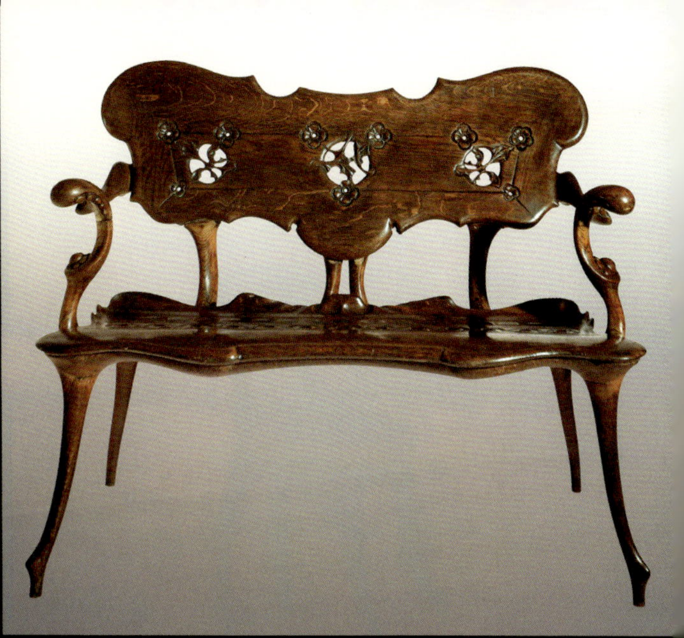
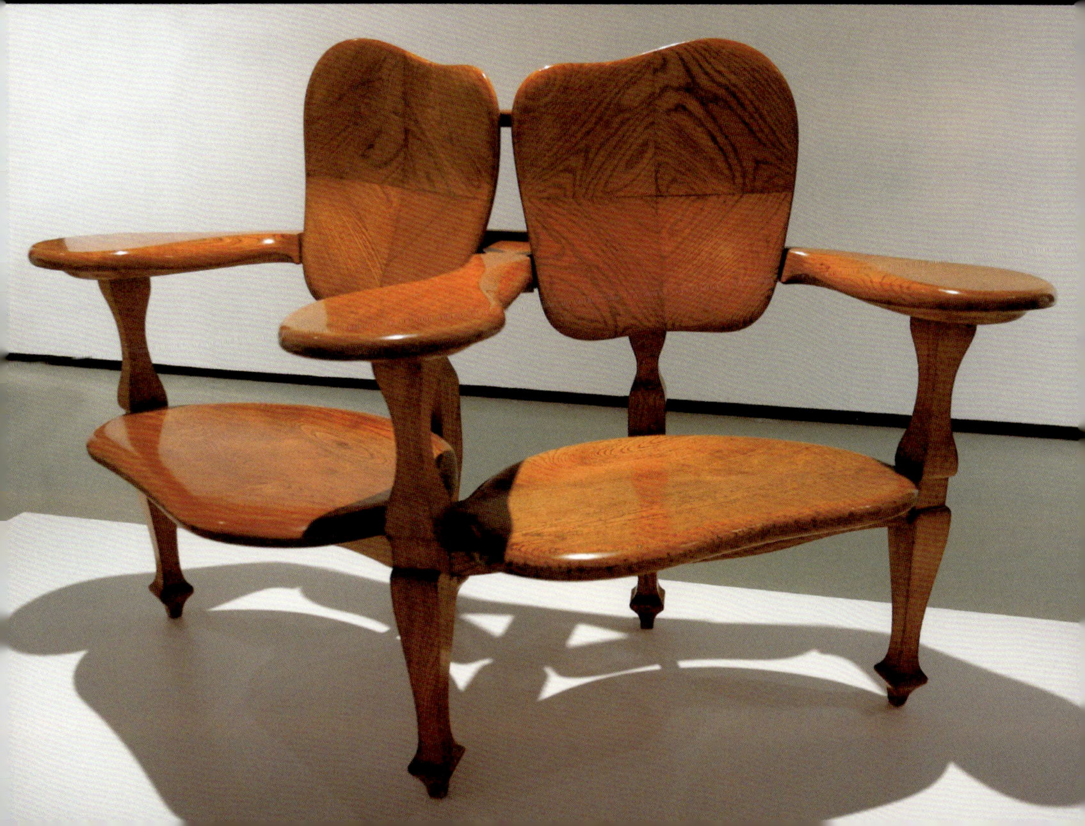

"重创之年"

1906 年本应是高迪事业发展的巅峰。所有项目进行得热火朝天，高迪第一个成熟风格的伟大杰作——巴特约之家也将于同年落成。但他一直称之为"重创之年"。继 19 世纪 70 年代末兄长、母亲、妹妹先后过世之后，这是高迪经历过的至暗时刻。

高迪那时事业有成，既有影响巨大的赞助人，还有忠实的好友和支持者，更有着坚定的信仰。饶是如此，父亲弗兰塞斯克和高迪从前的教授兼导师霍安·马托雷利双双离世，彻底击垮了他。两位均自高迪学生时代起就一直坚定地支持着他。如今，高迪的家人只剩下外甥女罗莎，她长成了一个郁郁寡欢的女子，酗酒、多病。高迪尽力劝她戒酒，但与之前劝诫工人一样失败了，她只会藏起酒瓶偷偷喝。罗莎的身体每况愈下，久而久之，酗酒的毛病终于在六年后夺走了她的生命。

按照朋友的形容，五十多岁的高迪开始变得"大不如前"：他背也驼了，走路还得拄拐。不过，高迪的解决方案和他在 19 世纪 70 年代摆脱抑郁的方法一样，那就是全心投入到工作中去。

56

纯粹有机抽象

  高迪从小一直视大自然为视觉灵感的源泉及学习设计的工具。在设计风格发展成熟后，高迪凭借这一点，得以在建筑设计中实现更高的抽象度。他想通过对大自然本质的探寻挖掘出建筑的本质。举例来说，一棵树的结构能启发高迪用更有机的方式设计建筑结构，考虑结构与其他部分的关系。树根和树干连接土壤和大地，打下根基，确保强度。树枝、树叶、树冠化为墙壁、围护结构、屋顶和装饰。

  高迪把这样的抽象形态越来越多地运用到桂尔住宅区、桂尔公园、圣家堂等作品中。同时期其他未建成项目的设计也可证明这一点，如纽约市中心的大型摩天大楼酒店，以及摩洛哥丹吉尔的方济各会教堂。不过，是米拉公寓为他提供了施展才能的最大空间，让他得以实现建筑结构及设计的抽象化。

象腿

"重创之年"1906 年年中，高迪接下委托建造一幢公寓楼，选址位于巴塞罗那的格拉西亚大道和普罗文萨街交会处，占地面积很大。和巴特约之家一样，底部的主层楼面供客户（米拉家族）居住，顶层则是朴素的出租公寓。

米拉之家和巴特约之家一样，正立面呈波浪形。达利后来写道，这样的造型"取自大海的形态"。但米拉之家正立面几何形状更精确，少了几分装饰性。窗户嵌在石砌立面内，好似天然形成的洞口；唯一的装饰是雕刻师瑞若尔打造的锻铁阳台，扭结的有机形状好似漂摇的海藻。

高迪谨记着这幢楼还有部分商业用途，考虑到未来公寓或许需要扩大或缩小，房间也可能会被重新安排。他重施在博蒂内斯之家用过的技巧，在室内分布铸铁柱支承上层重量，这样就能根据需要改变房间分隔墙的实际位置。那时还是有人觉得这种结构不可行。为证明这一点，高迪绘制楼面平面图时，在每一层布置了同样的柱网，只是墙和房间的位置各不相同。下一位设计出这样开放式空间的建筑师是勒·柯布西耶（Le Corbusier），在他 1914 至 1915 年提出的多米诺住宅（Maison Domino）中。

米拉之家的建造方法也需要革新。自立式立面已是创新之举，阳台、楼梯井、坡道、烟囱的构造也无一例外。为了把建造立面的巨石抬升到位，高迪和承建商何塞普·巴约（Josep Bayó）甚至还设计了一种新型滑轮系统。

尽管如此，项目仍饱受各种问题困扰。高迪和客户为酬金问题争执了三年之久，而米拉的妻子从一开始就瞧不起高迪的设计和审美。丈夫过世后，她用自己更传统的家具换掉了高迪设计的那些。其他困难牵涉到城市规划部门。其中一次，政府按照一位邻居的要求，命高迪拆除一根探出街道太远的柱子，人称"象腿"。只要有人提出反对意见，项目就得停工。但高迪和团队不管不顾，继续工作。三年的施工过程中，禁制令一张接一张地飞来，政府勒令米拉之家停工的次数因而比允许他们恢复施工的次数还要多。

米拉之家立面
安东尼·高迪，
1906—1909
巴塞罗那

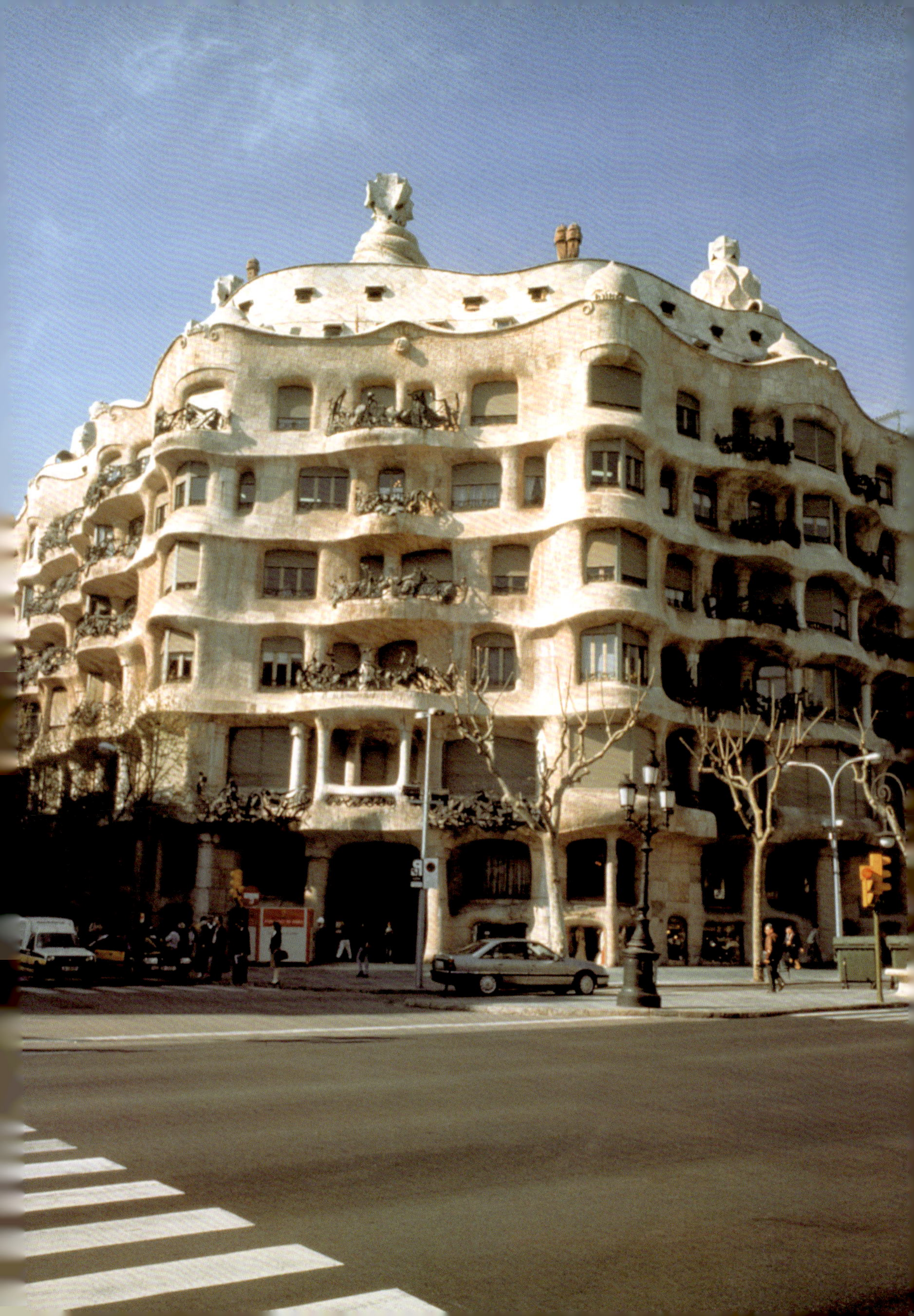

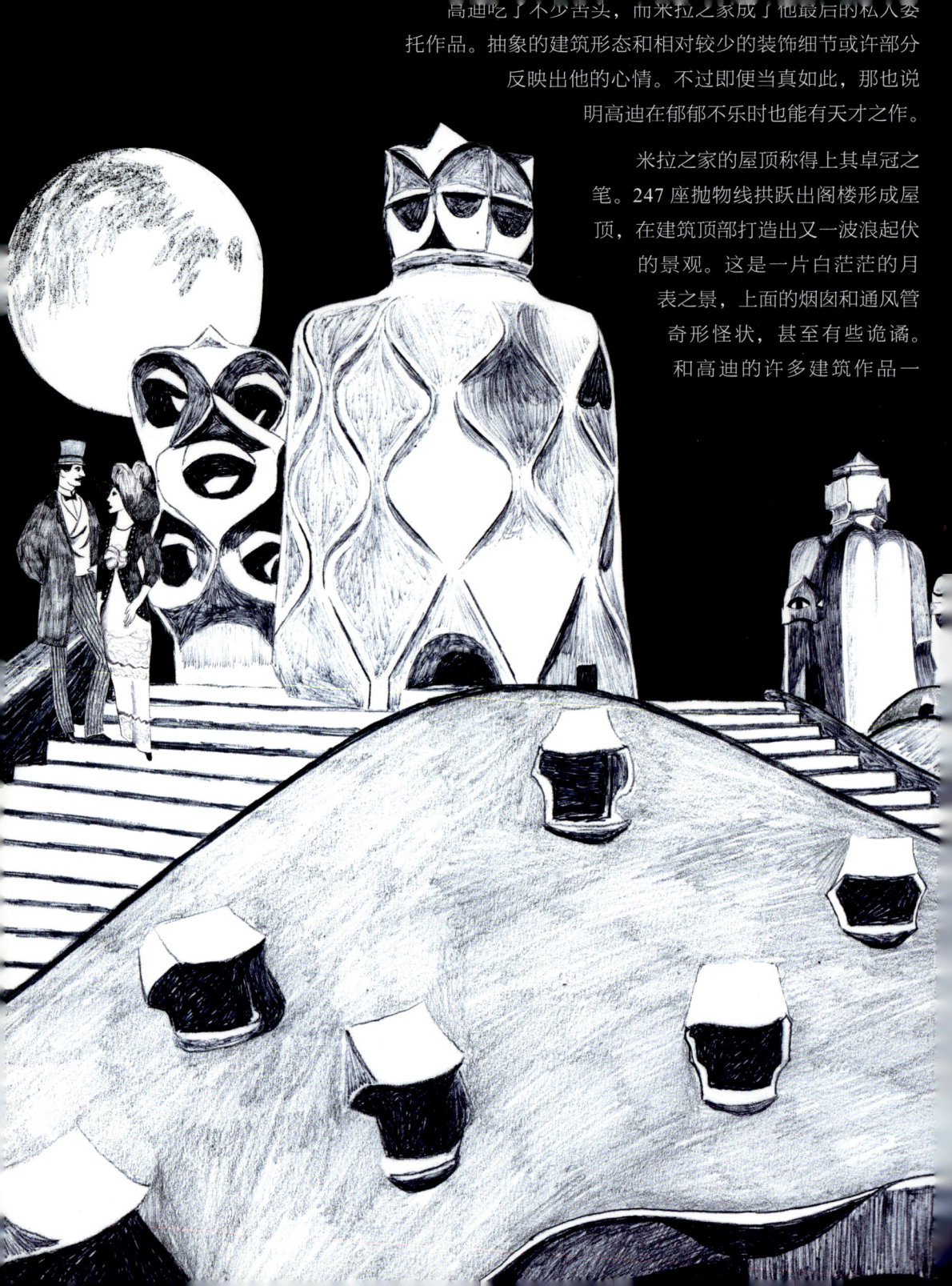

高迪吃了不少苦头，而米拉之家成了他最后的私人委托作品。抽象的建筑形态和相对较少的装饰细节或许部分反映出他的心情。不过即便当真如此，那也说明高迪在郁郁不乐时也能有天才之作。

米拉之家的屋顶称得上其卓冠之笔。247座抛物线拱跃出阁楼形成屋顶，在建筑顶部打造出又一波浪起伏的景观。这是一片白茫茫的月表之景，上面的烟囱和通风管奇形怪状，甚至有些诡谲。和高迪的许多建筑作品一样，屋顶被设计为住户漫步的场所，让人尽享壮观的360度城市全景。

　　早在完工前，米拉之家就成了巴塞罗那乃至加泰罗尼亚各地街谈巷议的话题。人们给它起了一堆绰号，包括"采石场""马蜂窝""齐柏林飞船机库""战争机器"等。不过令人惊诧的是，高迪的批评者和支持者居然均对米拉之家美轮美奂的现代风格交口称赞。

　　但是对高迪来说，这些褒扬来得太迟。他已经精疲力竭了。1909年，巴塞罗那发生了一些事件，导致米拉之家全面停工；而高迪后来再未重新开工。米拉家族找别人完成了剩下的工程，于1911年迁入大楼，并从1912年开始出租楼内的独立公寓。

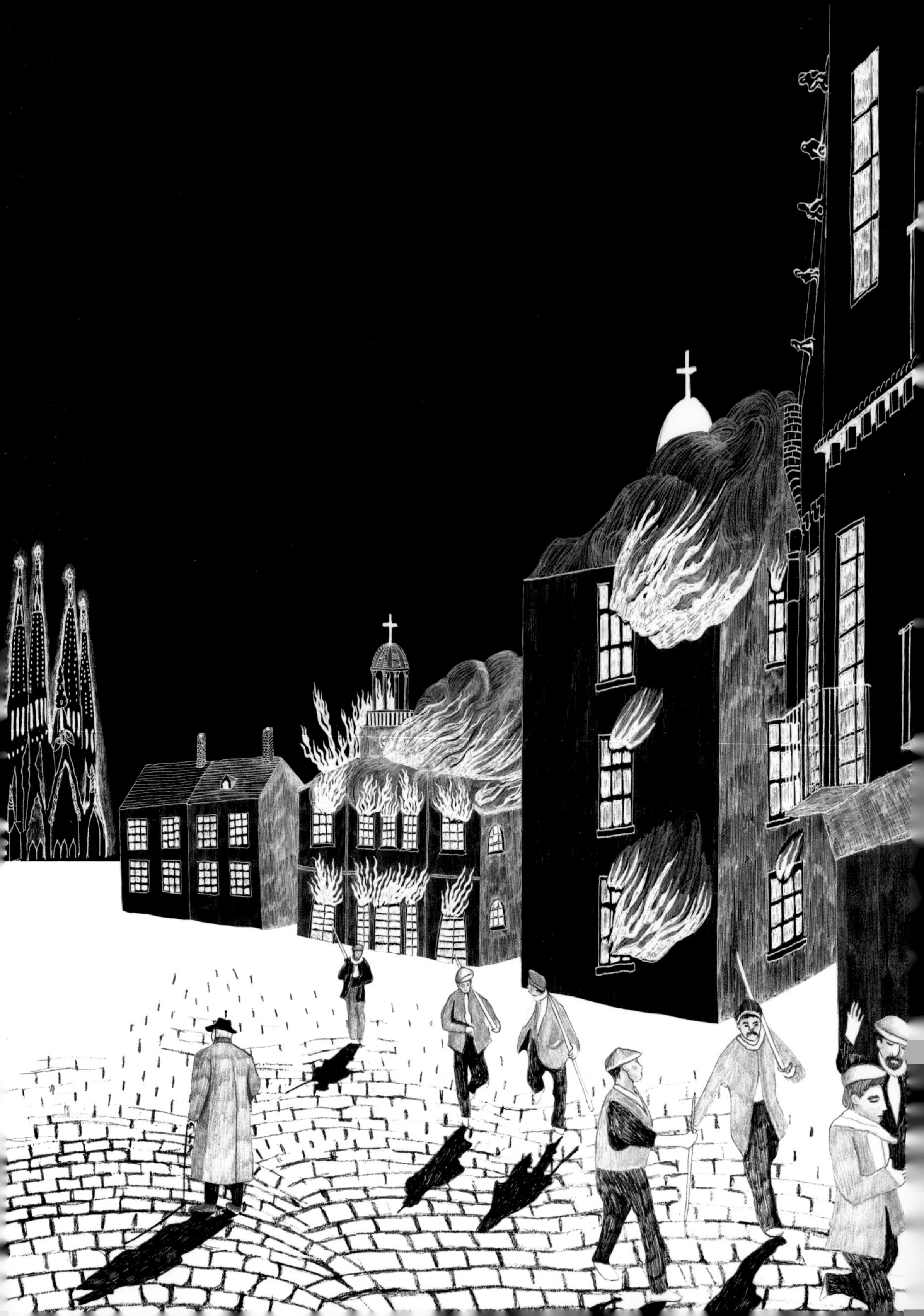

"悲惨一周"

1909年7月25日至8月2日，加泰罗尼亚动荡社会的火药桶在"悲惨一周"炸响——巴塞罗那及加泰罗尼亚其他城市的工人阶级和西班牙军队之间发生了一系列血腥冲突。工人们为低廉的薪酬、恶劣的生活条件愤怒不已，认为自己受到了同在加泰罗尼亚，但明显生活优渥的工业资产阶级以及西班牙政府和教会同等程度的剥削。

为在摩洛哥获取海外利益，西班牙把许多（从巴塞罗那工人阶级社区征募的）应征士兵用船送往摩洛哥，引发了冲突。这些船只的所有者是科米利亚斯侯爵，著名的天主教实业家和爱国者，也是欧塞比·桂尔的亲人和挚友、高迪的赞助人。一拨起哄的旁观者很快演变为一伙暴徒，控制了巴塞罗那，还发起一场总罢工。他们拦下火车，掀翻有轨电车，随后掉头袭击女修道院，抢掠巴塞罗那各教堂的大小墓穴，并把墓中物拖上街头——而且特意扔在桂尔和侯爵的家门外。一夜之间，23座宗教建筑被烧毁，以教堂居多。巴塞罗那的天际线在烈火与浓烟中支离破碎。举目皆是亵渎玷辱之事。

政府下令镇压，但大部分巴塞罗那军人拒不攻击暴徒（他们中许多人是工人阶级出身）。政府调来国家军队，双方在街头激战。市政府官员命令所有市民待在家里。这一周，高迪多数时间都待在桂尔公园，焦急地看着山下的城市熊熊燃烧，在屋顶来回踱步。他只关心圣家堂的状况。一周接近尾声，正值战况最激烈的时候，他穿过城市，来到圣家堂的建筑工地。高迪显然相信，身上的神圣使命能让自己刀枪不入。令人惊异的是，圣家堂毫发无损。尽管一群抗议者确实来过这里，但并未亵渎它。这周结束时，军队平息了骚乱，有150多名市民在暴动中丧生。

"悲惨一周"的影响持续多年。西班牙政府对加泰罗尼亚文化及民族主义的任何表现形式采取一律打压的政策，加泰罗尼亚当地则出现贫富对立、社会分裂。

回归圣堂

"悲惨一周"把高迪的建筑工程尽数勾销了,唯独留下一个——圣家堂。这座高迪已倾注了 26 年汗水的赎罪殿如今为巴塞罗那人民而建,由它来弥合 1909 年夏季的种种事件造成的分歧。从此开始,高迪余生(病中除外)将一直遵循同一套日常惯例。早晨,他从桂尔公园的家宅步行至圣费利佩·内里教堂参加弥撒,然后走到圣家堂建设工地,在那里埋头工作,很少休息,甚至吃饭都顾不上。傍晚时分,他会回到教堂对神父忏悔,然后回家睡觉。

当然,高迪的健康状况受到了影响。1910 年,他感染了布鲁氏菌病——一种致命的细菌感染,让他发烧不退、关节肿胀,情绪也容易剧烈波动。这场病折磨了他将近一年。正是在这段时期,那些贬损高迪的人说他变得狂妄自大、不知变通。疾病加上天性,意味着高迪喜欢和人争执不休,也几乎从不让步。他试图与所有人断绝来往,但最亲近的好友和助手没有听之任之。不管高迪再如何难以相处,他们仍在桂尔公园的家中照顾他,并和他并肩工作。

但家中也不太平，罗莎继续在酒精的作用下日渐憔悴，终于在 1912 年逝世。高迪也许是最后一次离开加泰罗尼亚，去造访他一直参与的一个修复项目，即位于马略卡岛帕尔马的中世纪大教堂。1901 年，帕尔马主教到巴塞罗那拜访高迪，就进行中的大教堂修复工程征询他的意见。高迪此行是想去看看，十多年过后，彻底翻修大教堂的计划进展如何。和圣家堂一样，帕尔马大教堂进展缓慢，高迪最终在 1914 年彻底放弃了这个项目。

接下来的六年间，在欧洲其余大部分地区投身一战的同时，圣家堂在高迪的主持下慢慢兴建起来。但在建筑工地之外，在巴塞罗那的其他地方，时代在变迁。新兴的建筑风格是"新世纪主义"（Noucentisme），该运动提倡的建筑美学与高迪的加泰罗尼亚现代主义针锋相对，并明确反对"为艺术而艺术"（19 世纪的运动口号，提倡艺术无关实用功能，本身即具备价值。——译者注），反而从强调秩序和线条的维也纳分离派汲取灵感。实践起来，就是创造高度简洁的新古典主义建筑，呼应了约十年后出现的装饰艺术。在一个对笔直线条毫无兴趣的人眼中，新世纪主义就是一枚彻头彻尾的眼中钉。

到 1918 年，圣家堂的诞生立面开始成形，但教堂中殿仍停留在设计阶段，受难立面还只是一张草图。

雕塑中的信仰

自19世纪80年代以来，高迪就（像对桂尔住宅区那样）一直在模型的辅助下制定对圣家堂方方面面的构想，而雕塑工作就耗费了他和身为朋友兼合作者的马塔马拉三十多年的时光。两人尤其专注于诞生立面的雕塑设计。他们选用巴塞罗那普通市民做塑像模特，还有朋友、活的动物及（人和动物的）骨架。任何人如若有幸获选为模特，就得维持他们想要的姿势一动不动，忍受被他们从各个能想得到的角度速写或拍摄。所得的素描和照片随后会被用来制作框架和石膏模具。

在这些试作的基础上，雕塑轮廓首先设计成形，再由马塔马拉转化成石头或金属。高迪和马塔马拉经常同时创作几何形状大体相同的雕塑，比如圆柱体的作品。这样，他们就能在浇铸金属或在石头上凿下永久的痕迹之前，快速检测两人的设计是否可行。但其结果是许多不成功的作品被丢弃了，在工作坊里扔得到处都是。

高迪设计了四座高塔耸立于朝东的诞生立面之上，其中仅圣巴拿巴塔在他生前完工。每座塔上将放置基督十二使徒中三位的雕塑，而诞生立面的三座大门代表基督教的基本教导：信、望、爱。中间仁爱之门上方设有耶稣诞生的场景，从这中央正门的拱楣之上又升起一个尖顶，象征生命之树。

这座立面的风格显然从中世纪哥特式建筑传统中汲取了灵感，但覆满建筑表面精雕细琢的雕塑又削弱了哥特式意象的刚硬，自成一格。雕塑方案中的每个局部都能自然衔接至下一部分。

圣家堂诞生立面
安东尼·高迪，1883年至今

巴塞罗那

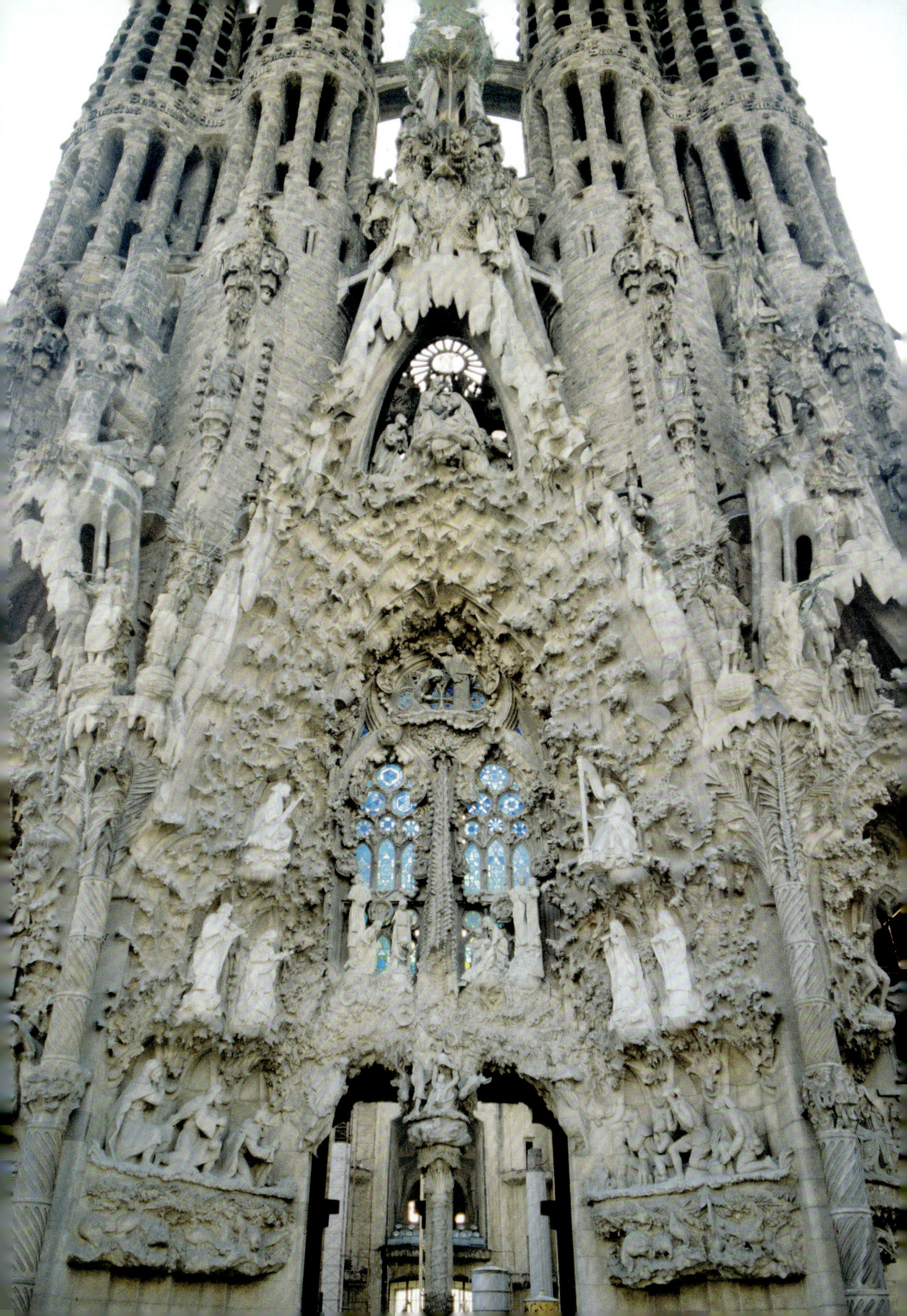

坚守立场

截至 1923 年，时年 71 岁的高迪设计建造圣家堂已达 40 年，且已有 10 年的时间全身心沉浸其中，其余一切概不过问。高迪少时的巴塞罗那和加泰罗尼亚既已消逝，被"悲惨一周"后的反动镇压扫地而尽。取而代之的是独裁者米格尔·普里莫·德·里维拉（Miguel Primo de Rivera）新成立的西班牙政府，该政府颁布的规章制度，旨在压制加泰罗尼亚身份认同及文化——包括一条在公共场合禁止说加泰罗尼亚语的法律。加泰罗尼亚文化的庆祝活动也一概禁止。1924 年 9 月 11 日，高迪试图进入圣胡斯托大教堂参加纪念 1714 年（西班牙王位继承战争。——译者注）的加泰罗尼亚烈士的弥撒，遭到逮捕。高迪在教堂的多个入口均被警察阻拦，他用加泰罗尼亚语与他们对质，坚称他们无权禁止他入内。警察逮捕了高迪并辱骂他，说他"可耻"，还让他"滚下地狱"。他们之所以逮捕这位年迈体虚的建筑师，就是要用他儆戒众人。高迪后称："若是在受到迫害的那一刻放弃母语，我会觉得自己是个懦夫。"

目睹了这场逮捕的人大为震惊，警察局外的一个女人尤甚，她一认出高迪，便崩溃大哭起来。高迪颇有些自负而夸张地将她比作抹大拉的玛丽亚（Mary Magdalene，这样一来，就是把他自己比作了耶稣）。

高迪和另外两名男子关在一间牢房里。他告诉他们，"我活了 72 岁，除了这几样东西不带别的武器"（举着一个十字架和一串玫瑰念珠）。其中一名男子因无照沿街叫卖被捕，无力支付出狱所需的罚款。高迪给本堂区牧师送了一张便条，要求由他来支付罚款。高迪的助手交完建筑师本人的罚款后不久，事情就解决了。关押期间，高迪表现得十分冷静，但事后说道："如今回想发生了什么，想到我们正走进一个死胡同，一场彻底的变革必将到来，心中十分忧虑。"

圣家堂，温暖的家

就算政府的本意是拿高迪儆戒众人，实际所做的却是让他成了一位殉难者，一位百姓心目中的英雄。高迪本人没有被吓倒，他重新回到了圣家堂建筑工地的工作中去。1925年秋，高迪决定永久搬离桂尔公园的家宅，正式入住工作室。床铺和其他个人物品只是往空的地方胡乱一塞，和那些模型、素描，还有房间里扔得满地都是的雕塑半成品碎块全部堆放在一起。

高迪如今只在每日参加弥撒、进行忏悔时离开工地，偶尔也出门会会老友。年轻时打扮考究的翩翩公子早已不复存在，取而代之的是年迈而憔悴，日复一日穿着同样的旧衣裳，对这些世俗浮华全然不放心上。拜访其工作室的人会被卷入有关宗教、自然、艺术和建筑之间的关系的激烈探讨。但到了20世纪20年代中期，世事早已变迁，拜访高迪的人越来越少。传记作者何塞普·拉福尔斯（Josep Ràfols）写道："很少有年轻建筑师带着学习的意愿找上门来。"不过，自始至终，工地上总是有那么一群尽忠职守的助理和工人。到这时，高迪已经不领薪水了。他每天都在尽力筹钱，或询问街边和商店里遇到的人，或通过朋友和同事的帮助，但往往收效甚微。但捐款短缺不过让他愈发投身于圣家堂项目和自己的信仰。他决定把圣家堂的将来完全交到上帝手中。

圣家堂建筑工地上高迪工作室内的床铺，约1925年。

险些作为无名氏去世

对高迪来说，1926年6月7日这一天开始时与其他日子没什么两样。在工地工作一整天后，他出发去圣费利佩·内里教堂做晚祷和忏悔。教堂位于哥特区，正是他度过学生时代的地方，步行需半个钟头。旁观者称，高迪被30路有轨电车撞到，从加泰罗尼亚议会大道的路缘摔了下来，撞上了一根灯柱。电车司机则声称是高迪没看清路况就过了街。

眼看高迪未返圣家堂，工地上的特遣牧师希尔·帕雷斯（Gil Parés）和高迪的助手开始沿着往常路线寻找，结果打听到一个"口袋里揣着一本福音书，内衣用安全别针扣在一起"的无名氏被送到了圣十字圣保罗医院。医院的工作人员坚称没有收治这位著名建筑师，但帕雷斯不肯罢休，大喊："不管你们怎么说，他就在这里，而你们还没发现！"事实证明，高迪被当作"安东尼·桑迪"收治了。

高迪又活了三天，一直处于半清醒状态，被描述为"安详"但"极度痛苦"。他会不时喃喃："耶稣，我的上帝啊！"走廊里，朋友、同事、从前的赞助人、政客等排着队等待见高迪一面，向他表示敬意。高迪最终在6月10日午后去世。朋友略伦斯·马塔马拉的儿子霍安（Joan）为他制作了青铜死亡面具。

有人后来断言，高迪的节俭苦行是他身亡的原因之一。他衣衫褴褛的样子无疑拖延了人们送他去医院接受治疗的时机：目击事故的旁观者和试图帮助他的人当中，无一认出他是那位大名鼎鼎的建筑师。一连好几个出租车司机都拒绝送他就诊，以为他是个不名一文的流浪汉。他们后来因缺乏慷慨之心被市长罚款。

相比之下，高迪的葬礼则"盛大壮观"，数千名送葬者分列道路两旁，从医院一直排到圣家堂；在那儿，他被安葬在地下圣坛里。几乎所有高迪合作过的专业团体、赞助人或同事都派出代表随行送葬。讣告都对高迪令人不快的固执避而不谈，而是把焦点放在他的卓越天资和圣人品格之上，他真正依靠委身上帝的信仰和深刻的宗教精神建起了圣家堂，这座教堂虽未完工，但当时已是巴塞罗那天际线上最瞩目的一景。

霍安·马塔马拉为高迪制作的青铜死亡面具，1926年。

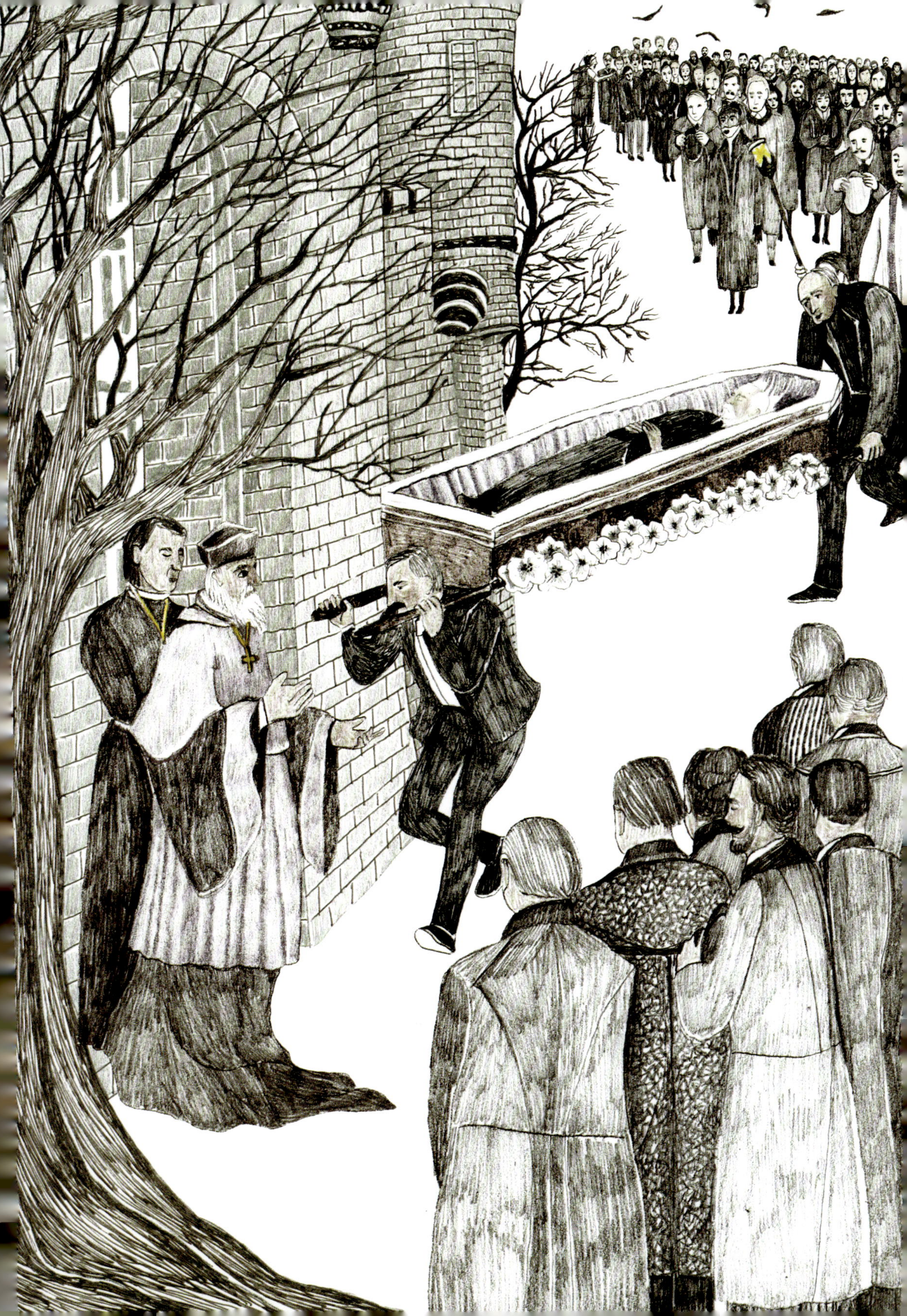

付之一炬

高迪去世时，圣家堂完工的部分只有诞生立面的圣巴拿巴塔。在他死后，施工速度大幅放缓——却也从未完全停滞。但少了这位掌舵的老人监督工程从筹款到设计的方方面面，推动工程前进的动力已所剩无几。不过，高迪的工作室被完好地保存了下来。数十年来，这里不仅成了工地上全部工作材料的贮藏室，在高迪搬离桂尔公园的家宅后，还成了其毕生事业的档案馆。朋友塞萨尔·马丁内利（César Martinell）称，截至高迪去世时，已设计建造60多个建筑项目，多数在巴塞罗那，也有一些分布在西班牙、法国乃至美洲。

这些资料在高迪工作室里一放就是十年，直到西班牙内战打响，全国上下没有一个角落未受波及。圣家堂在1936年战争开始时就遭到攻击，有人闯入地下圣坛，毁掉了高迪的工作室。高迪的工作手稿、图纸、草稿被尽数烧毁。数量众多、制作精良的石膏模型碎裂成千百块。"悲惨一周"中成功逃过一劫的幸事没有再次上演。

火光中的圣家堂和高迪工作室，1936年。

我的客户不赶时间

即便西班牙内战也无法终结高迪的伟大项目,圣家堂1938年就已恢复施工,彼时战事未停,加泰罗尼亚尚未正式纳入弗朗西斯科·佛朗哥(Francisco Franco)将军的专制政权。高迪认为,圣家堂要用信仰和爱去建造,与中世纪伟大教堂理想化的建设方式一脉相承。而项目在社区协作下继续进行也证明了这一点。

战时造成的损毁亟待修复,尤其是地下圣坛内部。高迪晚年最亲密的合作者之一弗兰塞斯克·德·保拉·金塔纳-维达尔(Francesc de Paula Quintana i Vidal)立马承担下这一任务。重要的是,趁着与高迪共事过的人们记忆犹新,他首要专注于原作修复,有时还要彻底重建高迪制作的模型。

由合作者或关系密切的同事接任高迪工作的传统延续了四十年,直到这些人一一过世为止。高迪对圣家堂的愿景仍对施工进展起着指导意义。在其合作者的记忆已无法继续提供必要的指导之后,人们找来高迪工作室的照片或其他一切可能帮助我们揣摩大师原计划的文件证据,进一步完成设计。当资金出现短缺(战后数十年间,这种情况时有发生),教会便带领众人组织筹款活动,十分符合高迪本人的精神。为了增加收入,1961年,人们在(正慢慢成形的)受难立面的地下圣坛内开设了一个博物馆。

诞生立面的台阶终于在20世纪50年代初完工,到1976年,受难立面的几座巨塔也已落成,与建筑对侧的诞生立面的巨塔呈镜面对称。受难立面的雕塑于1986年完工。进展不快,但很扎实——而且,高迪过去总是说:"我的客户不赶时间。"

建设中的受难立面,1973年。

逐渐成形

1979 年，就读于剑桥大学的新西兰年轻建筑师马克·伯里（Mark Burry）做学位论文研究时"发现"了高迪。他从那时起开始了一项长达近 40 年的运动，让加泰罗尼亚之外的世界认识圣家堂；在他的推动下，圣殿建设进入了一段突飞猛进的时期。

到 1990 年，伯里被聘为工地现场建筑师兼学术顾问，和圣家堂建筑师们并肩工作——如今这群建筑师已经是第五代了。他开始探索高速发展、用于建筑建模的计算机技术。有了这项新技术，按照"高迪精神"规划、执行教堂剩余部分的设计容易了许多。这些数字工具，再加上高迪早期合作者留下的笔记和照片，被用来分析教堂已建成部分。他们有了一个重大发现，即高迪将双重直纹曲面作为圣家堂整体构造的基础。理解了这一点，建筑师们就能理解高迪对几何形体的选择，也能预测他设计建筑其余部分时会如何决定。

到 2000 年，中殿和耳堂及荣耀立面的地基部分已开始施工。2010 年，圣家堂作为礼拜场所，获教皇正式册封（成为"宗座圣殿"。——译者注）。如今，距高迪开启这项伟大工程已 130 年有余，圣家堂终于进入了最后施工阶段。来访的公众已能欣赏到连续的结构、复杂的几何形体转化为光线、动态与纯洁的神来之笔。圣家堂的预计完工日期为 2026 年，即高迪逝世一百周年之时。

马克·伯里用计算机模拟圣家堂中殿的迭代过程。

圣家堂

安东尼·高迪，1883 年至今

巴塞罗那

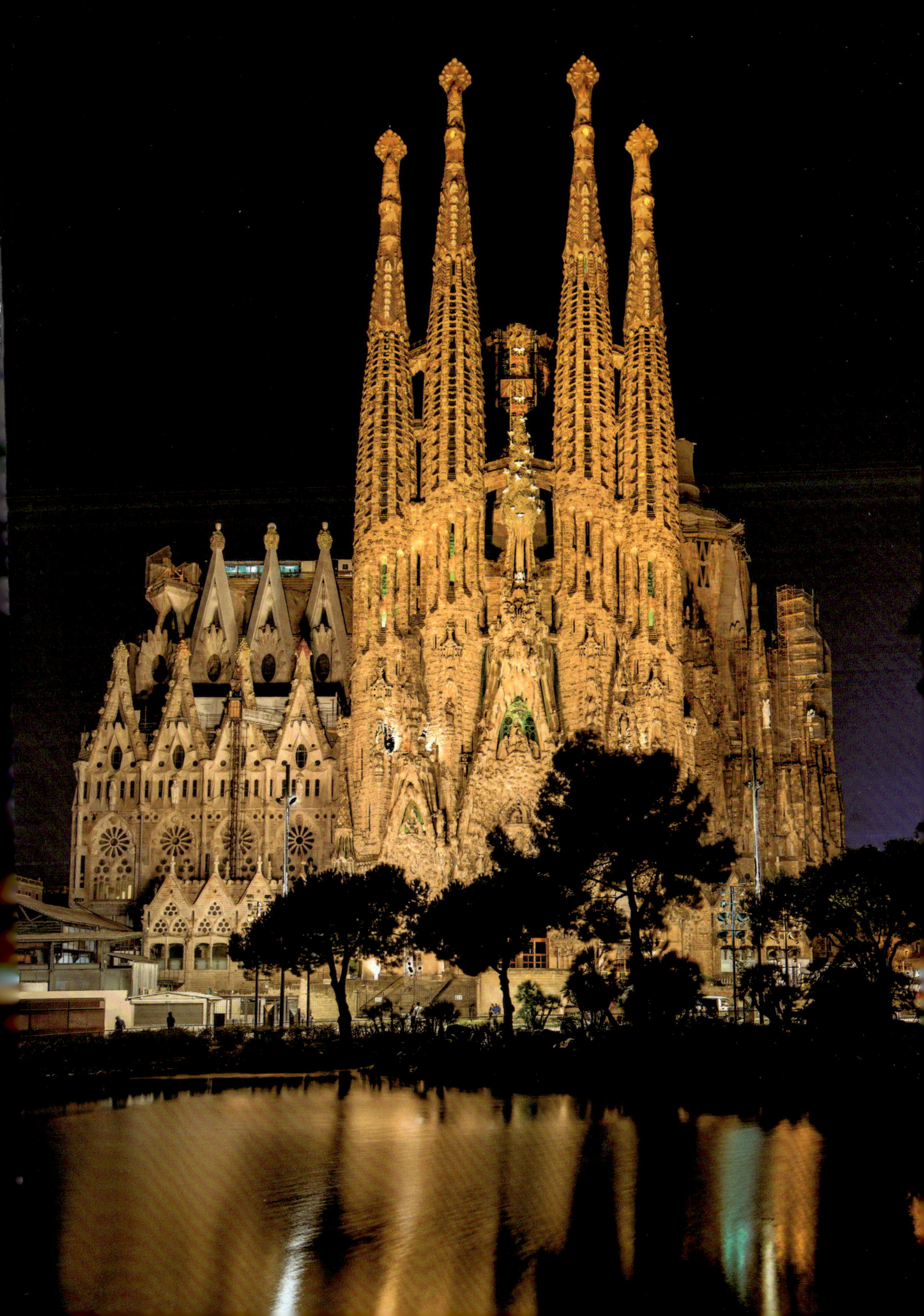

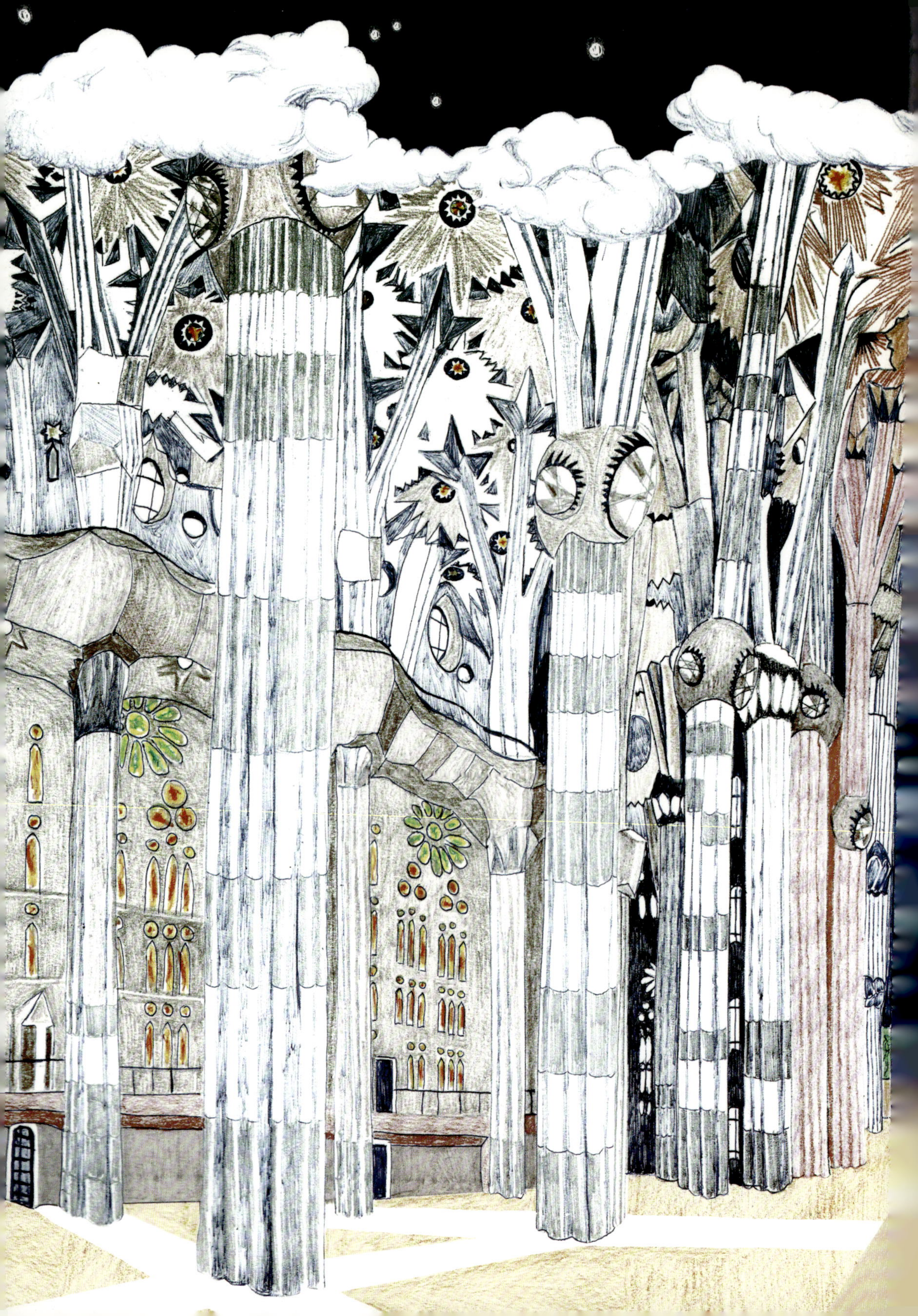

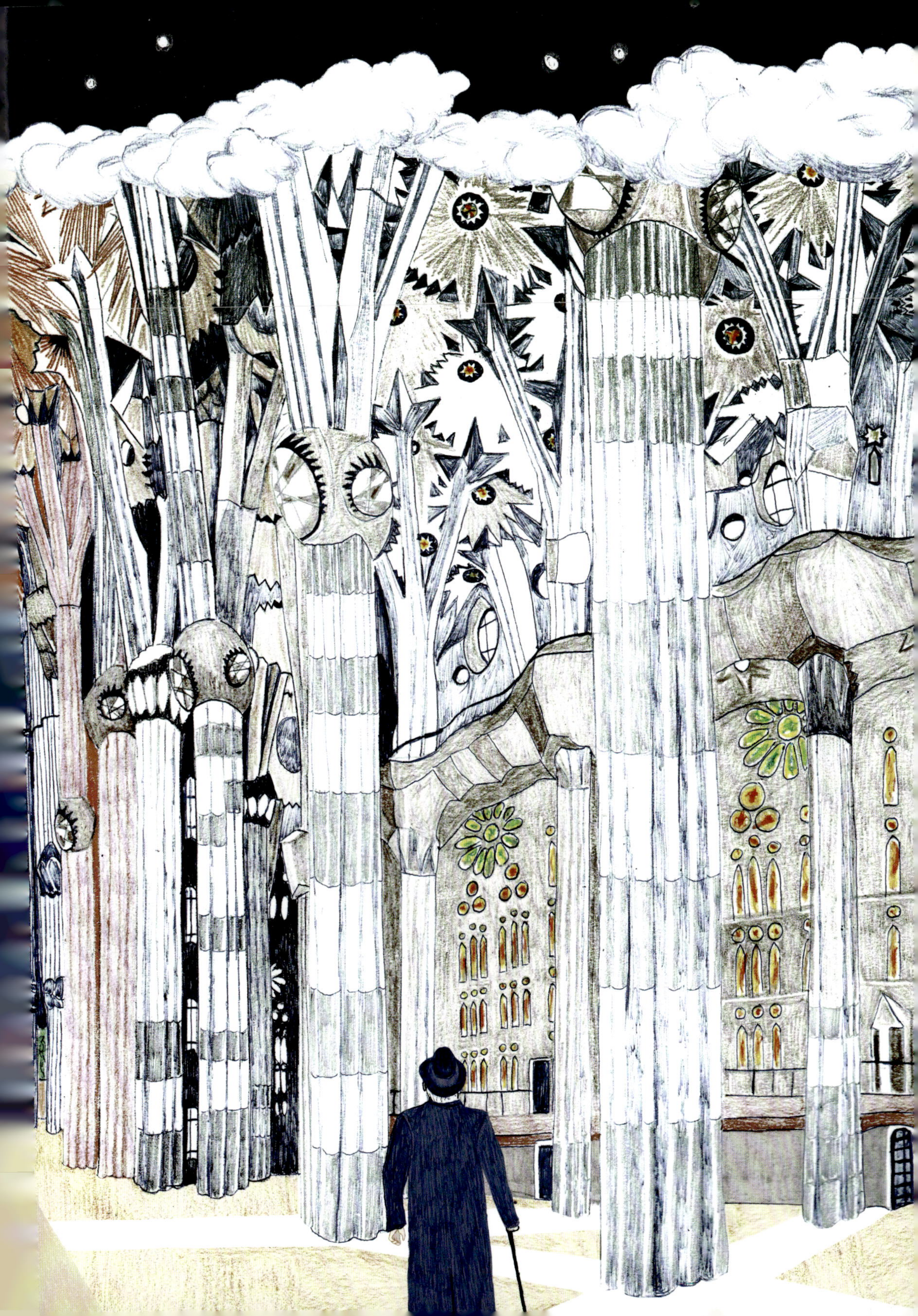

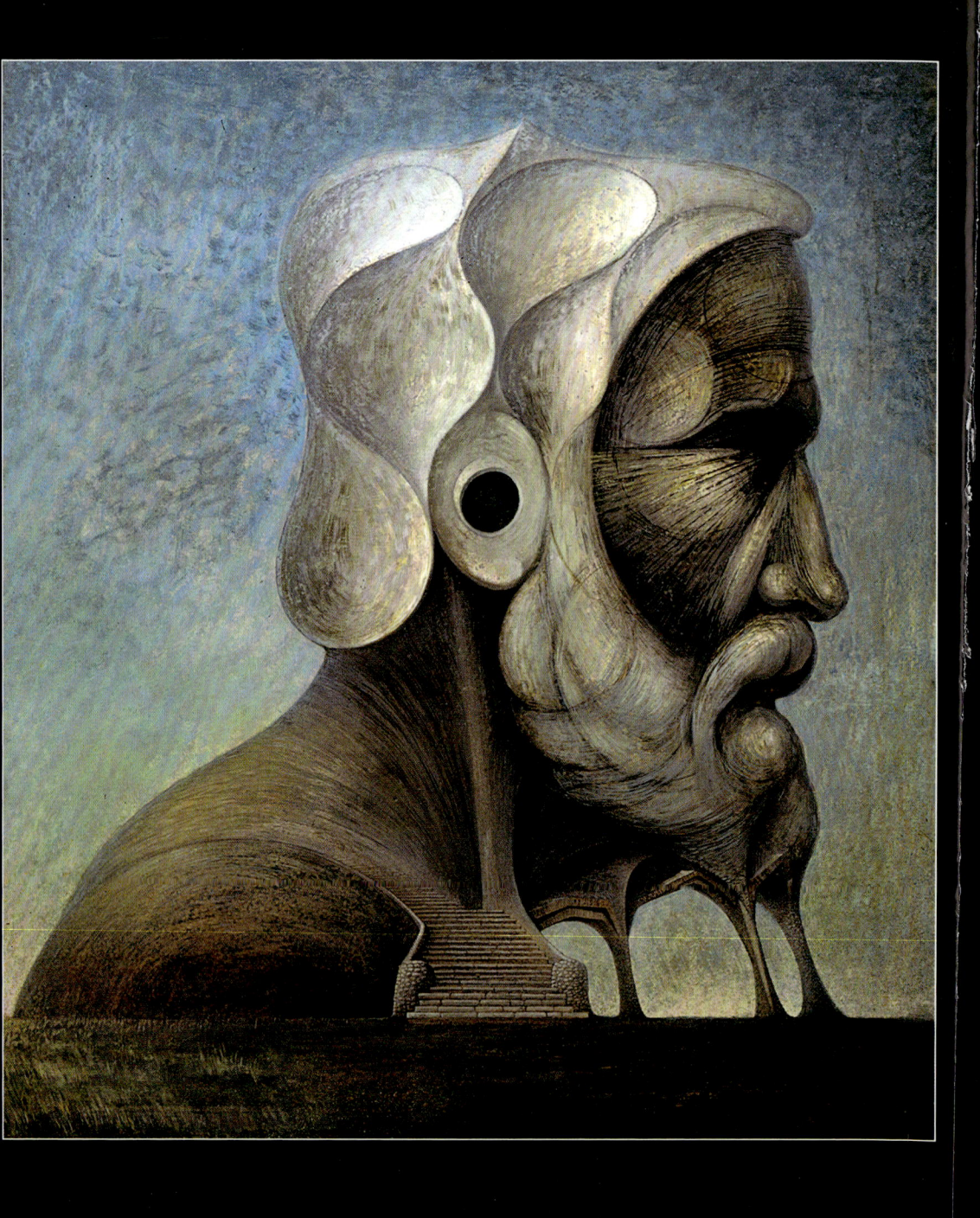

安东尼·高迪

何塞普·玛利亚·苏维拉奇斯

(Josep Maria Subirachs), 1993

私人收藏

圣品

2014 年，据巴塞罗那的一份报纸报道，"安东尼·高迪受宣福礼协会"在过去 20 年间一直在努力争取这位伟大的建筑师获封圣品，成为建筑师的主保圣人（诚然，已经有数位圣人持有这一身份了）。协会递交给罗马教廷的申请书提出，高迪应当封圣，因为他可以运用自然法则创造（建筑）奇迹，同时在作品中体现现代加泰罗尼亚的特征。

2015 年初，高迪从未造访过的国家——智利宣布，一座高迪设计的小教堂正在筹建中。可以推断，高迪在 1922 年收到过一封来自智利中部城市兰卡瓜的托钵修士的信，恳请他设计一座小镇小教堂。不过，尽管托钵修士请他设计"只有您知道怎么完成"的"原创的东西"，高迪并未设计新的方案。相反，他把自己 1915 年设计的圣家堂内一间小教堂的方案寄给了托钵修士。如今距他最初完成设计已逾百年，小教堂终于要动工了。

时至今日，高迪人气高涨，尚未完工的圣家堂每年都有数百万游客参观，散布于巴塞罗那各处及其他城市的杰作更不必说。

致谢

感谢瑞安·狄龙（Ryan Dillon）、曼纽尔·希门尼斯·加西亚（Manuel Jimenez Garcia）及巴特莱特建筑学院和建筑联盟学院的所有同事在本书的写作全程为我提供意见及反馈。

特别致谢编辑唐纳德·丁威迪（Donald Dinwiddie），他对本书功不可没；还有利兹·费伯（Liz Faber）在起笔时耐心与我共事。向克里斯蒂娜·克里斯托福鲁致以最衷心的感谢，没有她才气过人的想象力和精美绝伦的插画，就不会有这本书。

还要感谢设计师亚历克斯·科科（Alex Coco）；感谢罗茜·费尔黑德（Rosie Fairhead）、胡利安·莱昂（Julian León）、安杰洛·顾（Angelo Koo）的审稿、事实核查及校对，你们的工作是无价的；感谢彼得·肯特（Peter Kent）查找全部照片；感谢金·韦克菲尔德（Kim Wakefield）监督印制情况，确保印刷精美。

最后，谢谢我的伴侣阿伦（Arran），你的鼓励一如既往地珍贵。

插画作者致谢

感谢本书眼光犀利的编辑唐纳德·丁威迪；感谢布兰登·加德纳（Brandon Gardner）独自看了一部又一部电视剧；最后，感谢被宠坏了的小狗露娜让我作画中途稍作休息，以满足她的种种需求。

文字作者

莫莉·克莱普尔（Mollie Claypool），建筑史学家及理论家，居于伦敦。在伦敦大学学院巴特莱特建筑学院任建筑学讲师，并执教于建筑联盟学院。

插画作者

克里斯蒂娜·克里斯托福鲁（Christina Christoforou），插画家及艺术家，居于伦敦。曾为《纽约时报》、企鹅出版社、国立希腊剧院作画，还曾担任传媒设计课的讲师。出版作品包括《谁的头发？》（2010）《这就是培根》（2013）《这就是达·芬奇》（2016）。

中文译者

北寺，自由译者。本名徐蓓思，纳西族，出生于云南昆明，现旅居美国。先后在北京大学、香港大学、卫斯理学院和伦敦考陶尔德艺术学院学习艺术史。译有《纽约往事》等。

图片版权

All illustrations by Christina Christoforou 4 Fine Art Images/Heritage Images/Getty Images; 13 Càtedra Gaudí/ETSAB/UPC; 14–15 Private collection, London; 19, 22 Càtedra Gaudí/ETSAB/UPC; 27 Alinari/Bridgeman Images; 30 akg-images/Album/Prisma; 31 Jon Mikel Duralde/Alamy; 32 akg-images/Album/Ramon Manent; 36 Episcopal Palace (photo)/Astorga, Castilla y Leon, Spain/Bridgeman Images; 39 akg-images/Album/Oronoz; 40 © Succession Picasso/DACS, London 2016; 41 akg-images/De Agostini Picture Library; 42 Càtedra Gaudí/ETSAB/UPC; 49 Hal Beral/VWPics/Alamy; 52–53 ©JTB Photo - www.superstock.co.uk; 55TL akg-images/Album/Ramon Manent; 55TR akg-images/De Agostini Picture Library; 55B Andrei Filippov/Alamy; 59 akg-images/L. M. Peter; 67 akg-images/Andrea Jemolo; 69, 70 Càtedra Gaudí/ETSAB/UPC; 72 © Expiatory Temple of the Sagrada Família Board of Works. All rights reserved; 73 Càtedra Gaudí/ETSAB/UPC; 74 Courtesy Mark Burry; 75 Stefano Politi Markovina/Alamy; 78 ©DACS 2016.